Larousse de la conjugación

Larousse de la conjugación

Irma Munguía Zatarain
Martha E. Munguía Zatarain
Gilda Rocha Romero

LAROUSSE

Av. Diagonal 407 Bis-10   Dinamarca 81   21 Rue du Montparnasse   Valentín Gómez 3530
08008 Barcelona   México 06600, D. F.   75298 París Cedex 06   1191 Buenos Aires

Dirección editorial: Aarón Alboukrek

Asistente de edición: Gabriela Pérez Tagle

Revisión de pruebas: Ma. de Jesús Hilario

PRIMERA EDICIÓN — 9ª reimpresión

ISBN 970-607-783-9

ÍNDICE GENERAL

PRESENTACIÓN

Este libro tiene como propósito presentar los modelos de conjugación de los verbos en español y, así, resolver dificultades que suelen tener los hablantes sobre las diversas formas que adoptan los verbos al conjugarse. El texto está dirigido a cualquier persona interesada en aclarar dudas sobre la conjugación verbal en español, por lo tanto es un útil y práctico manual de consulta.

En este libro se ofrecen setenta y dos modelos de conjugación; tres de ellos corresponden a los verbos regulares ejemplificados con *amar*, *comer* y *vivir*, y sesenta y nueve pertenecen a los irregulares que son los que sufren diversas variaciones como diptongación, sustitución de letras y modificaciones de diferentes tipos. Aproximadamente, se han incluido aquí los cinco mil verbos más usuales de la lengua española.

Se presenta la conjugación de cada verbo modelo en todos los tiempos de los modos indicativo, subjuntivo e imperativo; a cada uno de ellos se le ha asignado un número que lo identifica.

Los verbos se enlistan en orden alfabético, seguidos de un número que corresponde al modelo al que pertenecen.

Muchos verbos suelen tener un uso pronominal, pero fueron enunciados en su forma simple; es el caso de *acostar-acostarse, cansar-cansarse, asombrar-asombrarse*, etcétera.

Se incluyeron únicamente los verbos simples o primitivos. Sólo se incorporaron los derivados o compuestos que presentan alguna modificación en su conjugación o que han adquirido un nuevo matiz de significado.

Los verbos defectivos aparecen con una indicación en la lista (*defect.*); aunque no se conjuguen en todos los tiempos y personas gramaticales, se han remitido al modelo al que corresponden de acuerdo con su conjugación.

Se ofrece, además, una breve exposición sobre las características formales, sintácticas y semánticas del verbo, con el fin de que el lector pueda tener un conocimiento más amplio sobre el funcionamiento de esta categoría gramatical.

Las autoras

EL VERBO

En español las palabras pueden clasificarse según las variaciones formales que presentan, las funciones que desempeñan y su significado. Pueden distinguirse ocho categorías gramaticales o clases de palabras: sustantivo, adjetivo, artículo, pronombre, verbo, adverbio, preposición y conjunción. La interjección no se considera una categoría gramatical porque no desempeña ninguna función sintáctica dentro de la oración.

El verbo expresa acciones, estados, actitudes, transformaciones, movimientos de seres o cosas. Se refiere a las actividades que realizan o padecen las personas o animales, así como a las situaciones o estados en que éstos se encuentran, los cambios que sufren los objetos, las manifestaciones de diversos fenómenos de la naturaleza.

El verbo es la clase de palabra que presenta mayor número de accidentes gramaticales por medio de su flexión: persona, número, modo, tiempo. La característica de la flexión verbal es que una desinencia o morfema puede expresar varios accidentes:

camin-**é**	primera persona, singular, tiempo pretérito, modo indicativo
camin-**arás**	segunda persona, singular, tiempo futuro, modo indicativo

A la flexión verbal se le llama conjugación.

La forma que se emplea para enunciar los verbos es el infinitivo; éste no sufre ningún accidente gramatical. Las terminaciones que pueden tener los verbos en infinitivo son **-ar**, **-er**, **-ir** y, dependiendo de ellas, se clasifican en primera, segunda o tercera conjugación:

Primera conjugación	*Segunda conjugación*	*Tercera conjugación*
-ar	**-er**	**-ir**
matar	poner	partir
pasar	tener	salir
caminar	torcer	reprimir
cocinar	querer	construir
terminar	creer	morir

Accidentes Gramaticales

En los verbos es posible distinguir la raíz o radical, que generalmente se mantiene invariable, y la desinencia o terminación verbal, que varía para expresar los distintos accidentes gramaticales: persona, número, modo, tiempo.

A) Persona y Número

Mediante una desinencia, los verbos marcan la persona gramatical que realiza la acción, sea singular o plural. En el siguiente cuadro pueden verse las formas verbales con sus correspondientes pronombres personales de la primera, segunda y tercera personas, singular y plural:

Persona	Singular	Plural
Primera	yo camin-o	nosotros (as) camin-amos
Segunda	tú camin-as usted camin-a	ustedes camin-an vosotros (as) camin-áis
Tercera	él o ella camin-a	ellos o ellas camin-an

Las formas verbales de tercera persona de singular y de plural se emplean también con los pronombres de segunda persona, *usted* y *ustedes*, respectivamente. En algunas regiones del mundo hispanohablante se usa el pronombre *vos,* en el tratamiento de confianza, para referirse a la segunda persona del singular; en estos casos el verbo puede adoptar otra forma: *vos caminás mucho, vos tenés la culpa, vos no escribís poemas, vos siempre decís la verdad.*

En español suele suprimirse el pronombre personal de sujeto dado que la forma verbal, por sí misma, es suficiente para expresar la persona gramatical que desempeña esta función: *soñé con gatos azules, ya cenamos, trabajas demasiado.* El pronombre correspondiente se expresa cuando se desea hacer énfasis en él: *yo soñé con gatos azules, nosotros ya cenamos, tú trabajas demasiado.*

B) Modo

La actitud del hablante frente a lo que enuncia puede expresarse mediante tres modos: indicativo, subjuntivo e imperativo.

El modo indicativo se usa, generalmente, para referir hechos que se presentan como reales, ya sea en pasado, presente o futuro:

Tú estudias literatura medieval.

Nosotras fuimos a Bombay.

Los concursantes entregarán un proyecto.

El modo subjuntivo suele emplearse para expresar hechos o acciones posibles, de deseo, de duda o para manifestar creencias, suposiciones, temores del hablante:

Nos gustaría que Luis hablara en la asamblea.

Quiero que todos asistan a mi examen.

Probablemente no te convenga ese matrimonio.

El modo imperativo expresa súplica, mandato, petición o ruego; sólo tiene las formas de segunda persona, singular y plural:

Cierra la ventana, por favor.

No fume en este auditorio.

Empiecen de nuevo.

C) Tiempo

Es el accidente gramatical que señala el momento en que se realiza la acción; los tiempos básicos son presente, pretérito y futuro. Existen además otros tiempos que se emplean para expresar diversas relaciones o matices temporales: copretérito, pospretérito, antepresente, antepretérito, antefuturo, antecopretérito y antepospretérito.

4

Los tiempos verbales han recibido diferentes nombres en los estudios gramaticales; por ejemplo, el copretérito se conoce también como pretérito imperfecto, el pretérito como pretérito perfecto simple, etcétera.

Los tiempos verbales pueden ser simples o compuestos. Los primeros se forman a partir de la raíz del verbo, añadiendo una desinencia específica:

cant-**o**   cant-**é**   cant-**aré**

Para formar los tiempos compuestos se utiliza el verbo *haber* como auxiliar conjugado y el participio del verbo de que se trate:

he cantado   hube cantado   habré cantado

Los tiempos de los modos indicativo, subjuntivo e imperativo son los siguientes:

Tiempos del Modo Indicativo

Simples	Ejemplos
Presente	amo
Pretérito o pretérito perfecto simple	amé
Futuro	amaré
Copretérito o pretérito imperfecto	amaba
Pospretérito o condicional	amaría
Compuestos	Ejemplos
Antepresente o pretérito perfecto compuesto	he amado
Antepretérito o pretérito anterior	hube amado
Antefuturo o futuro perfecto	habré mado
Antecopretérito o pretérito pluscuamperfecto	había amado
Antepospretérito o condicional perfecto	habría amado

Tiempos del Modo Subjuntivo

Simples	Ejemplos
Presente	ame
Pretérito o pretérito imperfecto	amara o amase
Futuro	amare
Compuestos	Ejemplos
Antepresente o pretérito perfecto	haya amado
Antepretérito o pretérito pluscuamperfecto	hubiera o hubiese amado
Antefuturo o futuro perfecto	hubiere amado

Tiempo del Modo Imperativo

Simple	Ejemplo
Presente	ama (tú)

Algunos significados de los tiempos del modo indicativo

a) El tiempo presente puede expresar:

— Que la acción referida sucede en el mismo momento en el que se habla:

Ahora quiero un café.

Lo veo y no lo creo.

Hablas mucho y no te entiendo.

— Acciones que se realizan cotidianamente; se le conoce como presente habitual:

Comemos carne de res una vez a la semana.

A los estudiantes de comunicación les gustan los reportajes.

Mi madre siempre toma una copa de jerez antes de cenar.

— Hechos pasados a los que se da un matiz de actualidad; es conocido como presente histórico:

En el año 476 cae el Imperio Romano.

A fines del siglo XIX se inventa el cinematógrafo.

— Afirmaciones que tienen un carácter universal:

El agua es indispensable para la vida.

El tiempo transcurre inevitablemente.

— Acciones que se refieren al futuro:

El próximo lunes entregamos las pruebas.

En agosto cumplo veinte años.

b) El pretérito se refiere a acciones acabadas, concluidas en el pasado:

Se enfadó con su hermano.

Viajaron por el sur de África.

c) El futuro se emplea para expresar:

— Acciones que aún no se han realizado, pero que son posibles; es muy común el empleo de perífrasis construidas con el verbo *ir* como auxiliar, para expresar este tiempo:

Mañana iré a nadar.

Mañana voy a ir a nadar.

— Acontecimientos probables o inciertos:

¿Estarán bien de salud mis amigos?

Julián pesará unos ochenta kilos.

— Mandato u obligación:

Irán a clase, quieran o no.

A partir de hoy, te despedirás de tus malos recuerdos.

d) El copretérito se refiere a una acción simultánea a otra, realizada en el pasado; también se emplea para acciones que transcurren habitualmente en el pasado:

Leía el cuento "Centauro", cuando sonó el teléfono.

En mi casa comíamos berenjenas todos los días.

e) El pospretérito se emplea en los siguientes casos:

— Para indicar tiempo futuro en relación con una acción pasada o presente; también puede expresar posibilidad condicionada a algo:

Te confieso que, en realidad, sí querría un vaso de vino.

Me darías la razón si estuvieras más atento.

— Se usa, además, para manifestar una apreciación sobre una acción pasada o futura y para indicar cortesía:

Esa idea te costaría la vida en la Edad Media.

¿Me regalarías ese collar?

f) El antepresente se utiliza para referir acciones recientemente ocurridas, o acciones pasadas que tienen vigencia en el presente:

Han subido mucho los precios.
Ha estado enfermo desde entonces.

g) El antepretérito se refiere a una acción concluida, en relación con otra acción ubicada en un pasado también acabado; actualmente tiene poco uso:

En cuanto hubo acabado se fue al cine.

h) El antefuturo se emplea para expresar:

— Una acción venidera, pero anterior a otra que también sucederá en el futuro:

Cuando amanezca, Jimena se habrá cansado de los reproches de su tía.
Al terminar el día, habrás encontrado título para tu novela.

— Duda sobre un hecho ocurrido en el pasado:

¿Habrá terminado la cosecha de algodón?
¿Se habrán percatado de que los rehenes escaparon por la noche?

i) El antecopretérito expresa una acción pasada, respecto de otra ocurrida también en el pasado:

Tú ya habías nacido cuando comenzó la era de la computación.

Pensé que ya había terminado el examen.

j) El antepospretérito se emplea en los siguientes casos:

— Para expresar una acción que no se llevó a cabo pero que hubiera podido realizarse:

Dafne se habría regocijado con las historias que cuentas.

A Dominga le habría gustado teñir de rojo su vestido.

— Para referir una acción futura, anterior a otra también futura; ambas acciones dependen de un hecho ocurrido en el pasado:

Nos dijeron que cuando comenzara el concierto, ya habrían preparado los bocadillos para el festejo.

Le prometí a Roberto que para cuando volviera, yo ya habría descifrado el enigma.

— El antepospretérito también se emplea para expresar la consecuencia de una acción así como para indicar duda:

Habríamos ahorrado mucho dinero si hubiéramos comparado precios.

Si hubieras tenido disciplina, habrías terminado tu tesis.

Habrían sido las cinco de la mañana cuando comenzó el maremoto.

¿Habría recibido Julio los regalos que esperaba?

10

Algunos significados de los tiempos del modo subjuntivo

a) El presente se usa:

— Para expresar una acción presente o una futura, respecto de otra acción:

> No conviene que <u>cuentes</u> ahora esa historia.
> Cuando <u>vayamos</u> al desierto de Altar, tomaremos muchas fotografías.

— En la construcción de oraciones imperativas, en primera persona de plural; también en las oraciones imperativas con negación:

> <u>Busquemos</u> con calma.
> No te <u>asomes</u> al balcón.

— Para manifestar duda, posibilidad o deseo:

> Quizá se <u>consuelen</u> pronto.
> Ojalá <u>cambies</u> de parecer.

— En la construcción de ciertas expresiones que manifiestan disyunción:

> <u>Oigas</u> lo que <u>oigas</u>, no te alarmes.
> Iremos a la playa, <u>sea</u> como <u>sea</u>.

b) El pretérito se emplea para:

— Referir una acción posterior a otra ocurrida en el pasado:

Me exigieron que <u>cantara</u> la misma canción.

Isabel pidió a su hermano que <u>dijese</u> la verdad.

— Indicar condición:

Si <u>oyeras</u> sus consejos, te iría mejor en la vida.

Vendría a visitarla más seguido, si no <u>fuera</u> tan agresiva.

c) El futuro indica una acción venidera, hipotética o una acción futura respecto de otra que también puede realizarse; se emplea, generalmente, en frases hechas o en textos literarios:

A donde <u>fueres</u> haz lo que <u>vieres</u>.

d) El antepresente se emplea para:

— Manifestar una acción pasada, anterior a otra:

No estés tan seguro de que <u>hayan cumplido</u> sus promesas.

Que él <u>haya perjudicado</u> a tanta gente, no fue nuestra culpa.

— Indicar deseo o probabilidad de que haya sucedido algo:

Quizá <u>haya celebrado</u> su cumpleaños con música y abundante comida.

Es probable que ya <u>hayan llegado</u> a Costa Rica.

e) El antepretérito se emplea para:

— Expresar una acción pasada respecto de otra también pasada:

> Lamentaban que sus comentarios hubieran tenido tan graves consecuencias.
> Me molestó que te hubieras arrepentido de tu decisión.

— Referir un deseo o una posibilidad pasada que ya no puede realizarse:

> Si hubiéramos tenido una alegre infancia, ahora seríamos más optimistas.
> ¡Quién hubiera imaginado tan grande desgracia!

f) El antefuturo se utiliza para expresar una acción hipotética; tiene poco uso:

> Si para octubre no hubieres rectificado tu actitud, tendrás serios problemas.

Voz Activa y voz Pasiva

En español los verbos pueden usarse en voz activa o en voz pasiva. En la primera, el sujeto es el que realiza la acción:

Oraciones en voz activa	Sujeto
Las hormigas invadieron la casa	Las hormigas
Los aviones de guerra destruyeron el pueblo.	Los aviones de guerra

Ella <u>observó</u> los detalles.   Ella

Nadie <u>conocería</u> la soledad.   Nadie

En la voz pasiva, el sujeto es el paciente, es decir, el que recibe la acción verbal. Para formar la voz pasiva, se emplea el verbo *ser* como auxiliar conjugado, y el participio del verbo de que se trate:

Oraciones en voz pasiva	*Sujeto paciente*
La casa <u>fue invadida</u> por las hormigas.	La casa
El pueblo <u>fue destruido</u> por los aviones de guerra.	El pueblo
Los detalles <u>fueron observados</u> por ella.	Los detalles
La soledad no <u>sería conocida</u> por nadie.	La soledad

En algunas ocasiones se usa el verbo *estar* como auxiliar en la formación de la voz pasiva:

Tus deudas <u>estarán pagadas</u> en agosto.

Rafael <u>está consumido</u> por la enfermedad.

La voz pasiva se caracteriza porque destaca el sujeto paciente y puede omitir el agente de la acción verbal:

El velero <u>fue echado</u> al mar.

Los microbios <u>fueron exterminados</u>.

Los ángeles <u>fueron expulsados</u> de la tierra.

Otra forma de construir la voz pasiva es mediante el empleo del pronombre *se*, acompañado del verbo en voz activa; este tipo de pasiva se llama refleja y sólo admite sujetos de tercera persona del singular o del plural:

Se derramó el vino tinto.

Se emitieron señales extrañas.

Se venden cachorros.

Se esperaban grandes lluvias.

La pasiva refleja suele confundirse con la forma de los verbos impersonales; la diferencia radica en que la voz pasiva tiene un sujeto paciente que concuerda en número con el verbo; los sujetos de las oraciones anteriores son: *el vino tinto, señales extrañas, cachorros* y *grandes lluvias*. En cambio, los verbos impersonales nunca tienen sujeto: *en el pueblo se habla mal de ti, se sufre mucho con gente necia*.

Formas no Personales del Verbo

Las formas no personales del verbo son el infinitivo, el gerundio y el participio; no presentan variación para indicar persona, modo ni tiempo, pues no están conjugadas.

Infinitivo. Es la forma que se usa para enunciar los verbos, es decir, es la expresión de la acción verbal en abstracto. Sus terminaciones son **-ar, -er, -ir**:

arañar	mandar	afirmar
poner	vender	traer
resistir	coincidir	contribuir

El infinitivo se caracteriza porque, además de ser verbo, puede actuar como sustantivo y desempeñar las funciones propias de éste; por ello, en ocasiones se encuentra acompañado de artículo y de adjetivos:

<u>Cazar</u> animales en extinción es un delito grave.

<u>Amenazar</u> es una acción reprobable.

El insistente <u>piar</u> de los polluelos nos despertó.

El triste <u>caminar</u> de los vencidos provocaba conmiseración.

Admite uno o dos pronombres enclíticos: *mandar<u>lo</u>, dár<u>selo</u>, vendár<u>noslo</u>, escribir<u>le</u>, referir<u>te</u>*

El infinitivo presenta formas simples y compuestas:

Infinitivo simple	Infinitivo compuesto
repudiar	haber repudiado
escoger	haber escogido
repartir	haber repartido

Gerundio. Es la forma no personal del verbo que expresa una acción continuada, en progreso. Sus terminaciones son **-ando**, **-iendo**:

arañando	mandando	afirmando
poniendo	vendiendo	bebiendo
resistiendo	coincidiendo	hiriendo

Cuando la **-i-** de la terminación **-iendo** se encuentra entre dos vocales, se convierte en **-y-**:

trayendo	distribuyendo	contribuyendo

El gerundio se caracteriza porque puede funcionar como adverbio, sin perder su naturaleza verbal:

Siempre pide la palabra <u>haciendo</u> gestos.

Llegó <u>llorando</u>.

Como el infinitivo, el gerundio también admite uno o dos pronombres enclíticos: *brindándonos, leyéndole, mordiéndoselos, rehuyéndote, abrigándola*.

Presenta formas simples y compuestas:

Gerundio simple	Gerundio compuesto
reforzando	habiendo reforzado
retrocediendo	habiendo retrocedido
atribuyendo	habiendo atribuido

El gerundio sólo debe emplearse cuando se refiere a una acción simultánea o anterior a la de otro verbo; nunca debe expresar una acción posterior a otra:

Mirando hacia el cielo pensó en la inmortalidad.
Habiendo resuelto las ecuaciones, se relajó y se durmió.
Vive interrogándose sobre su origen.

Nunca debe referirse a un sustantivo; frases como *caja conteniendo, carta diciendo* son incorrectas.

Participio. Esta forma no personal del verbo expresa una acción ya realizada; sus terminaciones regulares son -**ado**, -**ido** y las irregulares -**to**, -**so**, -**cho**:

interesado	bebido	concluido
escrito	impreso	dicho

Los participios, a diferencia del infinitivo y del gerundio, no admiten pronombres enclíticos y, en algunos casos, sí marcan género y número. Se emplean en la formación de perífrasis verbales; también es muy común usarlos como adjetivos:

fueron <u>expulsados</u>	(perífrasis verbal)
hemos <u>descubierto</u>	(perífrasis verbal)
ha <u>soportado</u>	(perífrasis verbal)
trabajaba <u>abstraído</u>	(adjetivo)
hombre <u>reprimido</u>	(adjetivo)
muchacha <u>cultivada</u>	(adjetivo)

Varios verbos aceptan tanto la forma regular como la irregular en la formación del participio: **-ado**, **-ido** para referir una acción verbal en la construcción de perífrasis; **-to**, **-so** para formar un adjetivo:

Perífrasis verbal	*Adjetivo*
Hemos <u>freído</u> el pescado.	Compré plátanos <u>fritos</u>.
Él fue <u>elegido</u> por la mayoría.	El presidente <u>electo</u> tomó posesión.
Ha <u>imprimido</u> su sello personal.	Los textos <u>impresos</u> se extraviaron.

Algunos verbos que tienen ambas terminaciones son:

extendido	extenso
imprimido	impreso
bendecido	bendito
extinguido	extinto
convertido	converso
suspendido	suspenso
expresado	expreso
recluido	recluso
concluido	concluso
despertado	despierto

Clasificación de los Verbos

Los verbos se pueden clasificar, en términos generales, a partir de los siguientes criterios: por su flexión o conjugación, por su significado y por su estructura.

A) Por su Flexión o Conjugación

Regulares. Son los verbos que al conjugarse no presentan variaciones en su raíz y siguen las desinencias del modelo al que pertenecen: *amar, comer* o *vivir*; estos tres verbos, debido a su comportamiento regular en todas sus formas de conjugación, se han considerado como modelos, correspondientes a las tres terminaciones del infinitivo **-ar**, **-er**, **-ir**.

En general, no se consideran irregularidades los cambios de acentuación; por ejemplo, en el verbo *vivir* la sílaba tónica es la segunda, pero en las formas *vivo* o *viva*, es la primera.

Tampoco son irregularidades los cambios ortográficos que sufren algunos verbos:

a) La letra **-c-**, con sonido fuerte, se escribe **-qu-** ante **-e**:

indicar   indique   replicar   replique

b) La letra **-g-**, con sonido suave, se escribe **-gu-** ante **-e**:

pagar   pague   regar   regué

c) La letra **-z-** se escribe **-c-** ante **-e**:

rozar   roce   agilizar   agilicé

d) Las letras **-c-** y **-g-** se escriben **-z-** y **-j-**, respectivamente, ante **-a** y **-o**:

ejercer	ejerza	zurcir	zurzo
recoger	recoja	fingir	finjo

e) La letra **-i-**, no tónica, se vuelve **-y-** cuando se encuentra entre vocales:

leer	leyó	creer	creyó

f) La letra **-u-** de los verbos terminados en **-guir**, se pierde ante **-a** y **-o**:

distinguir	distinga	distingo
perseguir	persiga	persigo

Irregulares. Son los verbos que, al flexionarse, presentan alteraciones en su raíz o en su terminación; es decir, no siguen la conjugación del modelo al que pertenecerían por su desinencia de infinitivo, *amar, comer* o *vivir*.

La mayor parte de las irregularidades que presentan estos verbos puede sistematizarse, de tal manera que es posible formar grupos con ellos. Son pocos los verbos que no entran en un grupo porque constituyen, por sí mismos, su propio modelo de conjugación; es el caso de los verbos *ser* o *ir,* que tienen varias raíces y, por lo tanto, tienen formas tan diversas como:

soy	seré	sido	es	era	éramos	fui	fuiste	fuera
voy	vas	van	iba	ibas	íbamos	fui	fuiste	fuera

En general, las irregularidades que presentan los verbos en su conjugación pueden explicarse desde un punto de vista histórico; algunas de las más comunes son las siguientes:

a) Diptongación. En ocasiones, las vocales -i- y -e- diptongan en -ie-, y las vocales -o- y -u- diptongan en -ue-:

adquirir	adquiero	pensar	pienso
poder	puedo	jugar	juego

b) Cambio de una vocal. En ciertas formas verbales, las vocales -e- y -o- cambian a -i- y -u-, respectivamente:

pedir	pido	concebir	concibo
poder	pude	morir	murió

c) Sustitución de una letra por otra, -c- por -g- o -j-:

hacer	haga	satisfacer	satisfaga
aducir	adujo	conducir	conduje

d) Adición de una letra, -d-, -c- o -g-:

poner	pondré	tener	tendré
nacer	nazco	parecer	parezco
poner	pongo	tener	tengo
salir	salgo	valer	valgo

e) Modificación de dos o más letras:

decir	diga	saber	sepa
caber	quepa	traer	traiga

21

Muchos verbos presentan varios de estos cambios en algunas de sus formas de conjugación:

tener	tendré	tiene	tengo
salir	saldré	sale	salga
venir	vendré	vienes	venga

Existen otras irregularidades que no se pueden sistematizar dado que son excepcionales, por ejemplo:

hacer	hice
errar	yerro
tener	tuvo

Defectivos. Son los verbos que sólo se conjugan en algunos tiempos y/o personas gramaticales.

atañer	atañe	atañen
acaecer	acaece	acaeció
acontecer	acontece	acontecen
concernir	concierne	conciernen
soler	suele	solían
abolir	aboliera	aboliremos
aterir	atería	aterimos

Impersonales o unipersonales. Son los verbos que sólo se conjugan en tercera persona del singular porque no tienen un sujeto determinado; aluden a fenómenos meteorológicos:

Llueve mucho.

Este invierno no ha nevado.

Amaneció nublado.

Anochece muy tarde en verano.

Sin embargo, cuando estos verbos se emplean en sentido figurado es posible atribuirles un sujeto, con lo que pierden el sentido de impersonalidad; en este caso también pueden conjugarse en primera y segunda personas:

Amanecimos muy cansados.

Llovieron reproches.

Sus ojos anochecieron prematuramente.

Muchos verbos pueden comportarse como impersonales cuando se construyen con el pronombre *se* en oraciones impersonales; se caracterizan porque no tienen sujeto:

Se vive bien en los lugares templados.

En sus fiestas se bebe mucho.

B) Por su Significado

Transitivos. Son los verbos cuyo significado exige la presencia de un paciente que recibe la acción verbal, y un agente que la realiza:

Todos golpeamos al agresor.

El sastre diseñó los trajes de los marineros.

Ellas amarraron al perro rabioso.

Nos comimos los postres antes de tiempo.

Los verbos anteriores son transitivos porque, además del
agente que realiza la acción, tienen un paciente o
complemento directo sobre el cual recae la acción verbal:
*al agresor, los trajes de los marineros, al perro rabioso,
los postres*.

Algunos verbos que no son transitivos, pueden llegar a
serlo si se les añade un paciente o complemento directo:

Muchas culturas han trabajado *el barro*.

Vivimos *una extraña experiencia*.

Todavía lloramos *a nuestros muertos*.

Intransitivos. Son los verbos que sólo exigen la presencia
de un agente, que es el que realiza la acción; ésta no tiene
la posibilidad de afectar o modificar a alguien o algo; es
decir, no tienen paciente o complemento directo, aunque sí
admiten otro tipo de complementos:

Mi hermano corre en todas las competencias.

Elina bailó durante toda la noche.

Los trabajadores descansaron bajo el tejado.

El potro yace postrado en el establo.

Copulativos. Son los verbos que no tienen significado
pleno, sólo se emplean para unir el sujeto y el predicado;
los principales verbos copulativos son *ser* y *estar*:

Tus argumentos son absurdos.

Mi hermano es médico.

La terraza estaba polvosa.

Esas mujeres están molestas.

En estas oraciones las palabras que realmente predican algo de los sujetos son adjetivos o sustantivos; por ello reciben el nombre de predicativo, atributo o predicado nominal: *absurdos, médico, polvosa* y *molestas*.

Algunos verbos se convierten en copulativos cuando admiten un atributo o predicado nominal que, por lo general, modifica al sujeto y concuerda con él en género y número:

> El gato se durmió tranquilo.
>
> Joaquín anda inquieto por las amenazas que recibió.
>
> Héctor y su hijo viven orgullosos en su casa de adobe.
>
> Mi maestra de baile camina muy erguida.

Los adjetivos *tranquilo, inquieto, orgullosos* y *muy erguida* son predicativos o atributos.

Reflexivos. Estos verbos expresan una acción que recae sobre el mismo sujeto que la realiza:

> Silverio se quiere demasiado.
>
> Te miras en el espejo y no te reconoces.
>
> Yo me baño todos los días en la noche.

Los verbos reflexivos exigen la presencia de los pronombres *me, te, se, nos, os*, los cuales se refieren al sujeto; es decir, a la persona que realiza la acción. Cuando no se da esta correspondencia entre el pronombre y el sujeto, los verbos dejan de ser reflexivos y funcionan como transitivos: *Silverio te quiere demasiado, lo miras en el espejo y no lo reconoces, yo la baño todos los días.* Lo mismo ocurre cuando estos verbos se emplean sin los pronombres: *quiere a sus hijos, miras la puesta de sol, no reconoces sus pasos, baño a mi perro.*

En español hay un grupo de verbos que casi siempre se usan como reflexivos y por ello suelen ir acompañados de los pronombres:

Me asombra tu inocencia.

¿Todos se enojaron?

No me arrepiento de nada.

Se atrevió a desafiar a la autoridad.

Recíprocos. Se emplean para expresar una acción que realizan dos o más seres y cada uno de ellos recibe el efecto de dicha acción, de ahí que se les considere como una variante de los verbos reflexivos. Este tipo de acciones no puede realizarse nunca por un solo sujeto; siempre tiene que haber, por lo menos, dos. Por ello las formas verbales se usan en plural:

Los lobos se amenazaron con gruñidos sordos.

Los amantes se juraron amor eterno.

Lulú y yo nos reprochamos nuestro comportamiento.

Los filósofos y los poetas se reconocen entre sí.

Los verbos recíprocos siempre van acompañados de un pronombre personal: *se, nos, os.*

Auxiliares. Son los verbos que pierden, total o parcialmente, su significado y siempre acompañan a otro verbo; intervienen en la formación de los tiempos compuestos, de la voz pasiva y, en general, de las perífrasis verbales.

Los verbos auxiliares más frecuentes son: *haber, ser, ir, estar*.

a) El verbo *haber* es el auxiliar que se usa para formar los tiempos compuestos:

> Habrá conocido nuevas costumbres.
> Han arañado las paredes.
> Los guerreros habrían depuesto las armas.

Cuando el verbo *haber* no está en funciones de auxiliar, sólo puede emplearse en la tercera persona del singular:

> Había diversas opiniones.
> Hubo negociaciones sobre condiciones laborales.
> Ojalá hubiera descuentos considerables.
> Hay personas que pensamos en la necesidad de libertad y paz.

b) El verbo *ser* funciona como auxiliar en la formación de la voz pasiva:

> La estatua fue reconstruida por los arqueólogos.
> Las flores serán colocadas en grandes jarrones.
> El reo fue juzgado imparcialmente.

c) El verbo *ir* suele usarse como auxiliar en la formación del futuro perifrástico:

Mañana <u>*vamos* a tratar</u> los asuntos pendientes.
<u>*Voy* a decirle</u> a la vida sus verdades.

d) El verbo *estar* puede emplearse como auxiliar cuando va acompañado de un gerundio:

<u>*Está* eludiendo</u> sus responsabilidades.
<u>*Estuvo* diciéndonos</u> impertinencias.

Muchos otros verbos también pueden utilizarse como auxiliares; algunos de los más comunes son: *poder, querer, andar, tener, deber*:

Ya <u>*podemos* contestar</u> los cuestionarios.
<u>*Quiero* identificar</u> a los peregrinos.
<u>*Anda* escondiéndose</u> de sus amigos.
Usted <u>*tiene* que conocer</u> más mundo.
<u>*Deben* derogar</u> las leyes injustas.

C) Por su Estructura

Primitivos. Son los verbos que no se derivan de otra palabra:

hablar   cantar   silbar   mirar   volar

Derivados. Son los verbos que se forman a partir de otra palabra, mediante la adición de uno o varios afijos derivativos:

arrinconar	Derivado del sustantivo *rincón*
abanderar	Derivado del sustantivo *bandera*
amontonar	Derivado del sustantivo *montón*
empeorar	Derivado del adjetivo *peor*
oscurecer	Derivado del adjetivo *oscuro*
ensordecer	Derivado del adjetivo *sordo*
alargar	Derivado del adjetivo *largo*

Simples. Son los verbos formados por una sola palabra; pueden coincidir con los verbos primitivos:

lavar   comer   escribir   ver   morir

Compuestos. Son los verbos formados por dos palabras:

malcriar   maniobrar   menospreciar   sobrentender

Prepositivos. Son los verbos que exigen la presencia de una preposición:

El artículo consta de tres páginas.
El mendigo carece de lo indispensable.
Su discurso abundó en improperios.
Prescindió de su compañía.
Abusamos de su hospitalidad.

Algunos verbos pueden usarse sin preposición, pero la exigen en ciertos contextos:

Piensa una palabra.   Piensa en los demás.
Soñó monstruos marinos.   Soñaba con piratas ingleses.

Perífrasis Verbales

Las perífrasis verbales son expresiones formadas por dos o más verbos que constituyen una unidad; es decir, equivalen a un solo verbo. El primero funciona como auxiliar, se conjuga y tiene una significación débil que puede llegar a perder; el segundo se expresa, generalmente, por medio de una forma no personal, es decir por un infinitivo, un gerundio o un participio. En la construcción de perífrasis pueden emplearse preposiciones y conjunciones como elementos de enlace:

Vamos a poner diques al río.
Había esperado demasiado tiempo.
Siempre anda anunciando catástrofres.
Acaba de firmar su renuncia.
Puede que llueva hoy en la noche.
Voy a tener que llamar a la Cruz Roja.
Voy a tener que ir a recoger los análisis.

Los tiempos compuestos, el futuro perifrástico, la voz pasiva, el gerundio compuesto, entre otras construcciones, son perífrasis verbales:

Has adquirido demasiadas deudas.
Van a ir inseguros por ese camino.
Las parcelas fueron cercadas por los campesinos.
Habiendo bebido su café, se retiró en silencio.

Generalmente, las perífrasis pueden formarse:

a) Con palabras de enlace como:

— Conjunciones:

Quiero que <u>sepas</u> lo sucedido.

Hay que <u>reflexionar</u> sobre nuestro pasado.

Puede que <u>sea</u> falso.

— Preposiciones:

Comenzó a <u>confundir</u> sus recuerdos.

Sara se <u>echó a llorar</u>.

<u>Acaba de ocurrir</u> el eclipse.

<u>Deben de ser</u> las tres de la mañana.

b) Sin palabras de enlace, formadas con infinitivo, gerundio o participio:

<u>Deseamos vivir</u> en mejores condiciones.

¿<u>Puede repetir</u> su nombre?

<u>Suele dormir</u> muy poco.

<u>Debes actuar</u> con prudencia.

<u>Estuvo vigilando</u> a sus parientes.

<u>Anda divulgando</u> sus intimidades.

Quizá <u>haya sobrevivido</u> dignamente.

<u>Hemos satisfecho</u> todas sus exigencias.

En general, las perífrasis verbales aportan un matiz de significado que no es posible expresar mediante las formas verbales de la conjugación:

<u>Tengo que recuperar</u> lo perdido.

La perífrasis anterior tiene un matiz de obligación proporcionado por el verbo auxiliar; este matiz no está presente en la forma simple *recuperaré*.

Acaba de nacer un tigrito.

En la oración anterior, el verbo auxiliar *acaba de* indica que la acción es reciente o casi simultánea al momento de la enunciación, lo cual no se logra con el empleo del pretérito *nació* o el presente *nace*.

Función del Verbo en la Oración

La oración está constituida por sujeto y predicado. El sujeto es de quien se habla en la oración y el predicado es lo que se dice sobre el sujeto. El predicado expresa la acción que realiza el sujeto o los diferentes estados en que éste puede encontrarse, por ejemplo:

Los trabajadores colocaron la estatua en el
centro de la plaza.
El sol se está desgastando día a día.

En las oraciones anteriores los sujetos son *los trabajadores* y *el sol*. Los predicados: *colocaron la estatua en el centro de la plaza* y *se está desgastando día a día*. Los verbos son *colocaron* y *está desgastando*.

El verbo es el núcleo del predicado, por ello es imprescindible en una oración. Puede ser simple o perifrástico: *cantaremos, vamos a cantar*. Tiene la propiedad de poder constituir por sí mismo una oración; es decir, puede encontrarse sin complementos:

¡Mientes!   Vamos a comenzar.

Los complementos verbales son los siguientes: objeto directo, objeto indirecto, circunstancial, predicativo o atributo y agente:

a) Objeto directo:

Las muchachas asaron *las castañas.*
Estefanía pidió *comprensión.*

b) Objeto indirecto:

Entregó su vida *a la causa.*
Ofrecieron una cena *a los científicos de la
nación.*

c) Complemento circunstancial:

Conversó *amablemente.*
La nave llegó *a la luna el día* de ayer.

d) Predicativo o atributo:

Ana Luisa es *excéntrica.*
Desde que le dieron el diagnóstico, Armando se
quedó *estupefacto.*

e) Agente:

> Las recomendaciones <u>fueron escuchadas</u> *por los pasajeros*.
> Los sembradíos <u>fueron destruidos</u> *por los topos*.

El verbo es, desde muchos puntos de vista, la parte más importante de la oración; da pleno sentido a nuestra expresión, ubica temporalmente lo referido, da cuenta de la actitud del hablante, proporciona matices valorativos a lo que se dice. Debido precisamente a la gran cantidad de información que porta, el verbo constituye la categoría gramatical más compleja y variable.

Modelos de conjugación

Se presentan 72 modelos de conjugación de verbos. Al final se incluye una lista de los verbos más usuales, con el número del modelo de conjugación al que siguen; este número no remite a páginas, sino al modelo.

1 AMAR

INDICATIVO

Presente	Antepresente
amo	he amado
amas	has amado
ama	ha amado
amamos	hemos amado
amáis	habéis amado
aman	han amado

Copretérito	Antecopretérito
amaba	había amado
amabas	habías amado
amaba	había amado
amábamos	habíamos amado
amabais	habíais amado
amaban	habían amado

Pretérito	Antepretérito
amé	hube amado
amaste	hubiste amado
amó	hubo amado
amamos	hubimos amado
amasteis	hubisteis amado
amaron	hubieron amado

Futuro	Antefuturo
amaré	habré amado
amarás	habrás amado
amará	habrá amado
amaremos	habremos amado
amaréis	habréis amado
amarán	habrán amado

Pospretérito	Antepospretérito
amaría	habría amado
amarías	habrías amado
amaría	habría amado
amaríamos	habríamos amado
amaríais	habríais amado
amarían	habrían amado

SUBJUNTIVO

Presente	Antepresente
ame	haya amado
ames	hayas amado
ame	haya amado
amemos	hayamos amado
améis	hayáis amado
amen	hayan amado

Pretérito	Antepretérito
amara o	hubiera o
amase	hubiese amado
amaras o	hubieras o
amases	hubieses amado
amara o	hubiera o
amase	hubiese amado
amáramos o	hubiéramos o
amásemos	hubiésemos amado
amarais o	hubierais o
amaseis	hubieseis amado
amaran o	hubieran o
amasen	hubiesen amado

Futuro	Antefuturo
amare	hubiere amado
amares	hubieres amado
amare	hubiere amado
amáremos	hubiéremos amado
amareis	hubiereis amado
amaren	hubieren amado

IMPERATIVO

ama	(tú)
ame	(usted)
amad	(vosotros-as)
amen	(ustedes)

37

2 ESTAR

INDICATIVO

Presente	Antepresente
estoy	he estado
estás	has estado
está	ha estado
estamos	hemos estado
estáis	habéis estado
están	han estado

Copretérito	Antecopretérito
estaba	había estado
estabas	habías estado
estaba	había estado
estábamos	habíamos estado
estabais	habíais estado
estaban	habían estado

Pretérito	Antepretérito
estuve	hube estado
estuviste	hubiste estado
estuvo	hubo estado
estuvimos	hubimos estado
estuvisteis	hubisteis estado
estuvieron	hubieron estado

Futuro	Antefuturo
estaré	habré estado
estarás	habrás estado
estará	habrá estado
estaremos	habremos estado
estaréis	habréis estado
estarán	habrán estado

Pospretérito	Antepospretérito
estaría	habría estado
estarías	habrías estado
estaría	habría estado
estaríamos	habríamos estado
estaríais	habríais estado
estarían	habrían estado

SUBJUNTIVO

Presente	Antepresente
esté	haya estado
estés	hayas estado
esté	haya estado
estemos	hayamos estado
estéis	hayáis estado
estén	hayan estado

Pretérito	Antepretérito
estuviera o	hubiera o
estuviese	hubiese estado
estuvieras o	hubieras o
estuvieses	hubieses estado
estuviera o	hubiera o
estuviese	hubiese estado
estuviéramos o	hubiéramos o
estuviésemos	hubiésemos estado
estuvierais o	hubierais o
estuvieseis	hubieseis estado
estuvieran o	hubieran o
estuviesen	hubiesen estado

Futuro	Antefuturo
estuviere	hubiere estado
estuvieres	hubieres estado
estuviere	hubiere estado
estuviéremos	hubiéremos estado
estuviereis	hubiereis estado
estuvieren	hubieren estado

IMPERATIVO

está	(tú)
esté	(usted)
estad	(vosotros-as)
estén	(ustedes)

3 PENSAR

INDICATIVO

Presente	Antepresente
pienso	he pensado
piensas	has pensado
piensa	ha pensado
pensamos	hemos pensado
pensáis	habéis pensado
piensan	han pensado

Copretérito	Antecopretérito
pensaba	había pensado
pensabas	habías pensado
pensaba	había pensado
pensábamos	habíamos pensado
pensabais	habíais pensado
pensaban	habían pensado

Pretérito	Antepretérito
pensé	hube pensado
pensaste	hubiste pensado
pensó	hubo pensado
pensamos	hubimos pensado
pensasteis	hubisteis pensado
pensaron	hubieron pensado

Futuro	Antefuturo
pensaré	habré pensado
pensarás	habrás pensado
pensará	habrá pensado
pensaremos	habremos pensado
pensaréis	habréis pensado
pensarán	habrán pensado

Pospretérito	Antepospretérito
pensaría	habría pensado
pensarías	habrías pensado
pensaría	habría pensado
pensaríamos	habríamos pensado
pensaríais	habríais pensado
pensarían	habrían pensado

SUBJUNTIVO

Presente	Antepresente
piense	haya pensado
pienses	hayas pensado
piense	haya pensado
pensemos	hayamos pensado
penséis	hayáis pensado
piensen	hayan pensado

Pretérito	Antepretérito
pensara o	hubiera o
pensase	hubiese pensado
pensaras o	hubieras o
pensases	hubieses pensado
pensara o	hubiera o
pensase	hubiese pensado
pensáramos o	hubiéramos o
pensásemos	hubiésemos pensado
pensarais o	hubierais o
pensaseis	hubieseis pensado
pensaran o	hubieran o
pensasen	hubiesen pensado

Futuro	Antefuturo
pensare	hubiere pensado
pensares	hubieres pensado
pensare	hubiere pensado
pensáremos	hubiéremos pensado
pensareis	hubiereis pensado
pensaren	hubieren pensado

IMPERATIVO

piensa	(tú)
piense	(usted)
pensad	(vosotros-as)
piensen	(ustedes)

4 COMENZAR

INDICATIVO

Presente	Antepresente
comienzo	he comenzado
comienzas	has comenzado
comienza	ha comenzado
comenzamos	hemos comenzado
comenzáis	habéis comenzado
comienzan	han comenzado

Copretérito	Antecopretérito
comenzaba	había comenzado
comenzabas	habías comenzado
comenzaba	había comenzado
comenzábamos	habíamos comenzado
comenzabais	habíais comenzado
comenzaban	habían comenzado

Pretérito	Antepretérito
comencé	hube comenzado
comenzaste	hubiste comenzado
comenzó	hubo comenzado
comenzamos	hubimos comenzado
comenzasteis	hubisteis comenzado
comenzaron	hubieron comenzado

Futuro	Antefuturo
comenzaré	habré comenzado
comenzarás	habrás comenzado
comenzará	habrá comenzado
comenzaremos	habremos comenzado
comenzaréis	habréis comenzado
comenzarán	habrán comenzado

Pospretérito	Antepospretérito
comenzaría	habría comenzado
comenzarías	habrías comenzado
comenzaría	habría comenzado
comenzaríamos	habríamos comenzado
comenzaríais	habríais comenzado
comenzarían	habrían comenzado

SUBJUNTIVO

Presente	Antepresente
comience	haya comenzado
comiences	hayas comenzado
comience	haya comenzado
comencemos	hayamos comenzado
comencéis	hayáis comenzado
comiencen	hayan comenzado

Pretérito	Antepretérito
comenzara o	hubiera o
comenzase	hubiese comenzado
comenzaras o	hubieras o
comenzases	hubieses comenzado
comenzara o	hubiera o
comenzase	hubiese comenzado
comenzáramos o	hubiéramos o
comenzásemos	hubiésemos comenzado
comenzarais o	hubierais o
comenzaseis	hubieseis comenzado
comenzaran o	hubieran o
comenzasen	hubiesen comenzado

Futuro	Antefuturo
comenzare	hubiere comenzado
comenzares	hubieres comenzado
comenzare	hubiere comenzado
comenzáremos	hubiéremos comenzado
comenzareis	hubiereis comenzado
comenzaren	hubieren comenzado

IMPERATIVO

comienza	(tú)
comience	(usted)
comenzad	(vosotros-as)
comiencen	(ustedes)

5 SOÑAR

INDICATIVO

Presente	Antepresente
sueño	he soñado
sueñas	has soñado
sueña	ha soñado
soñamos	hemos soñado
soñáis	habéis soñado
sueñan	han soñado

Copretérito	Antecopretérito
soñaba	había soñado
soñabas	habías soñado
soñaba	había soñado
soñábamos	habíamos soñado
soñabais	habíais soñado
soñaban	habían soñado

Pretérito	Antepretérito
soñé	hube soñado
soñaste	hubiste soñado
soñó	hubo soñado
soñamos	hubimos soñado
soñasteis	hubisteis soñado
soñaron	hubieron soñado

Futuro	Antefuturo
soñaré	habré soñado
soñarás	habrás soñado
soñará	habrá soñado
soñaremos	habremos soñado
soñaréis	habréis soñado
soñarán	habrán soñado

Pospretérito	Antepospretérito
soñaría	habría soñado
soñarías	habrías soñado
soñaría	habría soñado
soñaríamos	habríamos soñado
soñaríais	habríais soñado
soñarían	habrían soñado

SUBJUNTIVO

Presente	Antepresente
sueñe	haya soñado
sueñes	hayas soñado
sueñe	haya soñado
soñemos	hayamos soñado
soñéis	hayáis soñado
sueñen	hayan soñado

Pretérito	Antepretérito
soñara o	hubiera o
soñase	hubiese soñado
soñaras o	hubieras o
soñases	hubieses soñado
soñara o	hubiera o
soñase	hubiese soñado
soñáramos o	hubiéramos o
soñásemos	hubiésemos soñado
soñarais o	hubierais o
soñaseis	hubieseis soñado
soñaran o	hubieran o
soñasen	hubiesen soñado

Futuro	Antefuturo
soñare	hubiere soñado
soñares	hubieres soñado
soñare	hubiere soñado
soñáremos	hubiéremos soñado
soñareis	hubiereis soñado
soñaren	hubieren soñado

IMPERATIVO

sueña	(tú)
sueñe	(usted)
soñad	(vosotros-as)
sueñen	(ustedes)

6 FORZAR

INDICATIVO

Presente	Antepresente
fuerzo	he forzado
fuerzas	has forzado
fuerza	ha forzado
forzamos	hemos forzado
forzáis	habéis forzado
fuerzan	han forzado

Copretérito	Antecopretérito
forzaba	había forzado
forzabas	habías forzado
forzaba	había forzado
forzábamos	habíamos forzado
forzabais	habíais forzado
forzaban	habían forzado

Pretérito	Antepretérito
forcé	hube forzado
forzaste	hubiste forzado
forzó	hubo forzado
forzamos	hubimos forzado
forzasteis	hubisteis forzado
forzaron	hubieron forzado

Futuro	Antefuturo
forzaré	habré forzado
forzarás	habrás forzado
forzará	habrá forzado
forzaremos	habremos forzado
forzaréis	habréis forzado
forzarán	habrán forzado

Pospretérito	Antepospretérito
forzaría	habría forzado
forzarías	habrías forzado
forzaría	habría forzado
forzaríamos	habríamos forzado
forzaríais	habríais forzado
forzarían	habrían forzado

SUBJUNTIVO

Presente	Antepresente
fuerce	haya forzado
fuerces	hayas forzado
fuerce	haya forzado
forcemos	hayamos forzado
forcéis	hayáis forzado
fuercen	hayan forzado

Pretérito	Antepretérito
forzara o	hubiera o
forzase	hubiese forzado
forzaras o	hubieras o
forzases	hubieses forzado
forzara o	hubiera o
forzase	hubiese forzado
forzáramos o	hubiéramos o
forzásemos	hubiésemos forzado
forzarais o	hubierais o
forzaseis	hubieseis forzado
forzaran o	hubieran o
forzasen	hubiesen forzado

Futuro	Antefuturo
forzare	hubiere forzado
forzares	hubieres forzado
forzare	hubiere forzado
forzáremos	hubiéremos forzado
forzareis	hubiereis forzado
forzaren	hubieren forzado

IMPERATIVO

fuerza	(tú)
fuerce	(usted)
forzad	(vosotros-as)
fuercen	(ustedes)

7 JUGAR

INDICATIVO

Presente	Antepresente
juego	he jugado
juegas	has jugado
juega	ha jugado
jugamos	hemos jugado
jugáis	habéis jugado
juegan	han jugado

Copretérito	Antecopretérito
jugaba	había jugado
jugabas	habías jugado
jugaba	había jugado
jugábamos	habíamos jugado
jugabais	habíais jugado
jugaban	habían jugado

Pretérito	Antepretérito
jugué	hube jugado
jugaste	hubiste jugado
jugó	hubo jugado
jugamos	hubimos jugado
jugasteis	hubisteis jugado
jugaron	hubieron jugado

Futuro	Antefuturo
jugaré	habré jugado
jugarás	habrás jugado
jugará	habrá jugado
jugaremos	habremos jugado
jugaréis	habréis jugado
jugarán	habrán jugado

Pospretérito	Antepospretérito
jugaría	habría jugado
jugarías	habrías jugado
jugaría	habría jugado
jugaríamos	habríamos jugado
jugaríais	habríais jugado
jugarían	habrían jugado

SUBJUNTIVO

Presente	Antepresente
juegue	haya jugado
juegues	hayas jugado
juegue	haya jugado
juguemos	hayamos jugado
juguéis	hayáis jugado
jueguen	hayan jugado

Pretérito	Antepretérito
jugara o	hubiera o
jugase	hubiese jugado
jugaras o	hubieras o
jugases	hubieses jugado
jugara o	hubiera o
jugase	hubiese jugado
jugáramos o	hubiéramos o
jugásemos	hubiésemos jugado
jugarais o	hubierais o
jugaseis	hubieseis jugado
jugaran o	hubieran o
jugasen	hubiesen jugado

Futuro	Antefuturo
jugare	hubiere jugado
jugares	hubieres jugado
jugare	hubiere jugado
jugáremos	hubiéremos jugado
jugareis	hubiereis jugado
jugaren	hubieren jugado

IMPERATIVO

juega	(tú)
juegue	(usted)
jugad	(vosotros-as)
jueguen	(ustedes)

8 DAR

INDICATIVO

Presente	Antepresente
doy	he dado
das	has dado
da	ha dado
damos	hemos dado
dais	habéis dado
dan	han dado

Copretérito	Antecopretérito
daba	había dado
dabas	habías dado
daba	había dado
dábamos	habíamos dado
dabais	habíais dado
daban	habían dado

Pretérito	Antepretérito
di	hube dado
diste	hubiste dado
dio	hubo dado
dimos	hubimos dado
disteis	hubisteis dado
dieron	hubieron dado

Futuro	Antefuturo
daré	habré dado
darás	habrás dado
dará	habrá dado
daremos	habremos dado
daréis	habréis dado
darán	habrán dado

Pospretérito	Antepospretérito
daría	habría dado
darías	habrías dado
daría	habría dado
daríamos	habríamos dado
daríais	habríais dado
darían	habrían dado

SUBJUNTIVO

Presente	Antepresente
dé	haya dado
des	hayas dado
dé	haya dado
demos	hayamos dado
deis	hayáis dado
den	hayan dado

Pretérito	Antepretérito
diera o	hubiera o
diese	hubiese dado
dieras o	hubieras o
dieses	hubieses dado
diera o	hubiera o
diese	hubiese dado
diéramos o	hubiéramos o
diésemos	hubiésemos dado
dierais o	hubierais o
dieseis	hubieseis dado
dieran o	hubieran o
diesen	hubiesen dado

Futuro	Antefuturo
diere	hubiere dado
dieres	hubieres dado
diere	hubiere dado
diéremos	hubiéremos dado
diereis	hubiereis dado
dieren	hubieren dado

IMPERATIVO

da	(tú)
dé	(usted)
dad	(vosotros-as)
den	(ustedes)

44

9 ENVIAR

INDICATIVO

Presente	Antepresente
envío	he enviado
envías	has enviado
envía	ha enviado
enviamos	hemos enviado
enviáis	habéis enviado
envían	han enviado

Copretérito	Antecopretérito
enviaba	había enviado
enviabas	habías enviado
enviaba	había enviado
enviábamos	habíamos enviado
enviabais	habíais enviado
enviaban	habían enviado

Pretérito	Antepretérito
envié	hube enviado
enviaste	hubiste enviado
envió	hubo enviado
enviamos	hubimos enviado
enviasteis	hubisteis enviado
enviaron	hubieron enviado

Futuro	Antefuturo
enviaré	habré enviado
enviarás	habrás enviado
enviará	habrá enviado
enviaremos	habremos enviado
enviaréis	habréis enviado
enviarán	habrán enviado

Pospretérito	Antepospretérito
enviaría	habría enviado
enviarías	habrías enviado
enviaría	habría enviado
enviaríamos	habríamos enviado
enviaríais	habríais enviado
enviarían	habrían enviado

SUBJUNTIVO

Presente	Antepresente
envíe	haya enviado
envíes	hayas enviado
envíe	haya enviado
enviemos	hayamos enviado
enviéis	hayáis enviado
envíen	hayan enviado

Pretérito	Antepretérito
enviara o	hubiera o
enviase	hubiese enviado
enviaras o	hubieras o
enviases	hubieses enviado
enviara o	hubiera o
enviase	hubiese enviado
enviáramos o	hubiéramos o
enviásemos	hubiésemos enviado
enviarais o	hubierais o
enviaseis	hubieseis enviado
enviaran o	hubieran o
enviasen	hubiesen enviado

Futuro	Antefuturo
enviare	hubiere enviado
enviares	hubieres enviado
enviare	hubiere enviado
enviáremos	hubiéremos enviado
enviareis	hubiereis enviado
enviaren	hubieren enviado

IMPERATIVO

envía	(tú)
envíe	(usted)
enviad	(vosotros-as)
envíen	(ustedes)

10 ACTUAR

INDICATIVO

Presente	Antepresente
actúo	he actuado
actúas	has actuado
actúa	ha actuado
actuamos	hemos actuado
actuáis	habéis actuado
actúan	han actuado

Copretérito	Antecopretérito
actuaba	había actuado
actuabas	habías actuado
actuaba	había actuado
actuábamos	habíamos actuado
actuabais	habíais actuado
actuaban	habían actuado

Pretérito	Antepretérito
actué	hube actuado
actuaste	hubiste actuado
actuó	hubo actuado
actuamos	hubimos actuado
actuasteis	hubisteis actuado
actuaron	hubieron actuado

Futuro	Antefuturo
actuaré	habré actuado
actuarás	habrás actuado
actuará	habrá actuado
actuaremos	habremos actuado
actuaréis	habréis actuado
actuarán	habrán actuado

Pospretérito	Antepospretérito
actuaría	habría actuado
actuarías	habrías actuado
actuaría	habría actuado
actuaríamos	habríamos actuado
actuaríais	habríais actuado
actuarían	habrían actuado

SUBJUNTIVO

Presente	Antepresente
actúe	haya actuado
actúes	hayas actuado
actúe	haya actuado
actuemos	hayamos actuado
actuéis	hayáis actuado
actúen	hayan actuado

Pretérito	Antepretérito
actuara o	hubiera o
actuase	hubiese actuado
actuaras o	hubieras o
actuases	hubieses actuado
actuara o	hubiera o
actuase	hubiese actuado
actuáramos o	hubiéramos o
actuásemos	hubiésemos actuado
actuarais o	hubierais o
actuaseis	hubieseis actuado
actuaran o	hubieran o
actuasen	hubiesen actuado

Futuro	Antefuturo
actuare	hubiere actuado
actuares	hubieres actuado
actuare	hubiere actuado
actuáremos	hubiéremos actuado
actuareis	hubiereis actuado
actuaren	hubieren actuado

IMPERATIVO

actúa	(tú)
actúe	(usted)
actuad	(vosotros-as)
actúen	(ustedes)

46

11 AVERIGUAR

INDICATIVO

Presente	Antepresente
averiguo	he averiguado
averiguas	has averiguado
averigua	ha averiguado
averiguamos	hemos averiguado
averiguáis	habéis averiguado
averiguan	han averiguado

Copretérito	Antecopretérito
averiguaba	había averiguado
averiguabas	habías averiguado
averiguaba	había averiguado
averiguábamos	habíamos averiguado
averiguabais	habíais averiguado
averiguaban	habían averiguado

Pretérito	Antepretérito
averigüé	hube averiguado
averiguaste	hubiste averiguado
averiguó	hubo averiguado
averiguamos	hubimos averiguado
averiguasteis	hubisteis averiguado
averiguaron	hubieron averiguado

Futuro	Antefuturo
averiguaré	habré averiguado
averiguarás	habrás averiguado
averiguará	habrá averiguado
averiguaremos	habremos averiguado
averiguaréis	habréis averiguado
averiguarán	habrán averiguado

Pospretérito	Antepospretérito
averiguaría	habría averiguado
averiguarías	habrías averiguado
averiguaría	habría averiguado
averiguaríamos	habríamos averiguado
averiguaríais	habríais averiguado
averiguarían	habrían averiguado

SUBJUNTIVO

Presente	Antepresente
averigüe	haya averiguado
averigües	hayas averiguado
averigüe	haya averiguado
averigüemos	hayamos averiguado
averigüéis	hayáis averiguado
averigüen	hayan averiguado

Pretérito	Antepretérito
averiguara o	hubiera o
averiguase	hubiese averiguado
averiguaras o	hubieras o
averiguases	hubieses averiguado
averiguara o	hubiera o
averiguase	hubiese averiguado
averiguáramos o	hubiéramos o
averiguásemos	hubiésemos averiguado
averiguarais o	hubierais o
averiguaseis	hubieseis averiguado
averiguaran o	hubieran o
averiguasen	hubiesen averiguado

Futuro	Antefuturo
averiguare	hubiere averiguado
averiguares	hubieres averiguado
averiguare	hubiere averiguado
averiguáremos	hubiéremos averiguado
averiguareis	hubiereis averiguado
averiguaren	hubieren averiguado

IMPERATIVO

averigua	(tú)
averigüe	(usted)
averiguad	(vosotros-as)
averigüen	(ustedes)

47

12 ANDAR

INDICATIVO

Presente	Antepresente
ando	he andado
andas	has andado
anda	ha andado
andamos	hemos andado
andáis	habéis andado
andan	han andado

Copretérito	Antecopretérito
andaba	había andado
andabas	habías andado
andaba	había andado
andábamos	habíamos andado
andabais	habíais andado
andaban	habían andado

Pretérito	Antepretérito
anduve	hube andado
anduviste	hubiste andado
anduvo	hubo andado
anduvimos	hubimos andado
anduvisteis	hubisteis andado
anduvieron	hubieron andado

Futuro	Antefuturo
andaré	habré andado
andarás	habrás andado
andará	habrá andado
andaremos	habremos andado
andaréis	habréis andado
andarán	habrán andado

Pospretérito	Antepospretérito
andaría	habría andado
andarías	habrías andado
andaría	habría andado
andaríamos	habríamos andado
andaríais	habríais andado
andarían	habrían andado

SUBJUNTIVO

Presente	Antepresente
ande	haya andado
andes	hayas andado
ande	haya andado
andemos	hayamos andado
andéis	hayáis andado
anden	hayan andado

Pretérito	Antepretérito
anduviera o	hubiera o
anduviese	hubiese andado
anduvieras o	hubieras o
anduvieses	hubieses andado
anduviera o	hubiera o
anduviese	hubiese andado
anduviéramos o	hubiéramos o
anduviésemos	hubiésemos andado
anduvierais o	hubierais o
anduvieseis	hubieseis andado
anduvieran o	hubieran o
anduviesen	hubiesen andado

Futuro	Antefuturo
anduviere	hubiere andado
anduvieres	hubieres andado
anduviere	hubiere andado
anduviéremos	hubiéremos andado
anduviereis	hubiereis andado
anduvieren	hubieren andado

IMPERATIVO

anda	(tú)
ande	(usted)
andad	(vosotros-as)
anden	(ustedes)

13 AULLAR

INDICATIVO

Presente	Antepresente
aúllo	he aullado
aúllas	has aullado
aúlla	ha aullado
aullamos	hemos aullado
aulláis	habéis aullado
aúllan	han aullado

Copretérito	Antecopretérito
aullaba	había aullado
aullabas	habías aullado
aullaba	había aullado
aullábamos	habíamos aullado
aullabais	habíais aullado
aullaban	habían aullado

Pretérito	Antepretérito
aullé	hube aullado
aullaste	hubiste aullado
aulló	hubo aullado
aullamos	hubimos aullado
aullasteis	hubisteis aullado
aullaron	hubieron aullado

Futuro	Antefuturo
aullaré	habré aullado
aullarás	habrás aullado
aullará	habrá aullado
aullaremos	habremos aullado
aullaréis	habréis aullado
aullarán	habrán aullado

Pospretérito	Antepospretérito
aullaría	habría aullado
aullarías	habrías aullado
aullaría	habría aullado
aullaríamos	habríamos aullado
aullaríais	habríais aullado
aullarían	habrían aullado

SUBJUNTIVO

Presente	Antepresente
aúlle	haya aullado
aúlles	hayas aullado
aúlle	haya aullado
aullemos	hayamos aullado
aulléis	hayáis aullado
aúllen	hayan aullado

Pretérito	Antepretérito
aullara o	hubiera o
aullase	hubiese aullado
aullaras o	hubieras o
aullases	hubieses aullado
aullara o	hubiera o
aullase	hubiese aullado
aulláramos o	hubiéramos o
aullásemos	hubiésemos aullado
aullarais o	hubierais o
aullaseis	hubieseis aullado
aullaran o	hubieran o
aullasen	hubiesen aullado

Futuro	Antefuturo
aullare	hubiere aullado
aullares	hubieres aullado
aullare	hubiere aullado
aulláremos	hubiéremos aullado
aullareis	hubiereis aullado
aullaren	hubieren aullado

IMPERATIVO

aúlla	(tú)
aúlle	(usted)
aullad	(vosotros-as)
aúllen	(ustedes)

14 ERRAR

INDICATIVO

Presente	Antepresente
yerro	he errado
yerras	has errado
yerra	ha errado
erramos	hemos errado
erráis	habéis errado
yerran	han errado

Copretérito	Antecopretérito
erraba	había errado
errabas	habías errado
erraba	había errado
errábamos	habíamos errado
errabais	habíais errado
erraban	habían errado

Pretérito	Antepretérito
erré	hube errado
erraste	hubiste errado
erró	hubo errado
erramos	hubimos errado
errasteis	hubisteis errado
erraron	hubieron errado

Futuro	Antefuturo
erraré	habré errado
errarás	habrás errado
errará	habrá errado
erraremos	habremos errado
erraréis	habréis errado
errarán	habrán errado

Pospretérito	Antepospretérito
erraría	habría errado
errarías	habrías errado
erraría	habría errado
erraríamos	habríamos errado
erraríais	habríais errado
errarían	habrían errado

SUBJUNTIVO

Presente	Antepresente
yerre	haya errado
yerres	hayas errado
yerre	haya errado
erremos	hayamos errado
erréis	hayáis errado
yerren	hayan errado

Pretérito	Antepretérito
errara o	hubiera o
errase	hubiese errado
erraras o	hubieras o
errases	hubieses errado
errara o	hubiera o
errase	hubiese errado
erráramos o	hubiéramos o
errásemos	hubiésemos errado
errarais o	hubierais o
erraseis	hubieseis errado
erraran o	hubieran o
errasen	hubiesen errado

Futuro	Antefuturo
errare	hubiere errado
errares	hubieres errado
errare	hubiere errado
erráremos	hubiéremos errado
errareis	hubiereis errado
erraren	hubieren errado

IMPERATIVO

yerra	(tú)
yerre	(usted)
errad	(vosotros-as)
yerren	(ustedes)

15 ENRAIZAR

INDICATIVO

Presente	Antepresente
enraízo	he enraizado
enraízas	has enraizado
enraíza	ha enraizado
enraizamos	hemos enraizado
enraizáis	habéis enraizado
enraízan	han enraizado

Copretérito	Antecopretérito
enraizaba	había enraizado
enraizabas	habías enraizado
enraizaba	había enraizado
enraizábamos	habíamos enraizado
enraizabais	habíais enraizado
enraizaban	habían enraizado

Pretérito	Antepretérito
enraicé	hube enraizado
enraizaste	hubiste enraizado
enraizó	hubo enraizado
enraizamos	hubimos enraizado
enraizasteis	hubisteis enraizado
enraizaron	hubieron enraizado

Futuro	Antefuturo
enraizaré	habré enraizado
enraizarás	habrás enraizado
enraizará	habrá enraizado
enraizaremos	habremos enraizado
enraizaréis	habréis enraizado
enraizarán	habrán enraizado

Pospretérito	Antepospretérito
enraizaría	habría enraizado
enraizarías	habrías enraizado
enraizaría	habría enraizado
enraizaríamos	habríamos enraizado
enraizaríais	habríais enraizado
enraizarían	habrían enraizado

SUBJUNTIVO

Presente	Antepresente
enraíce	haya enraizado
enraíces	hayas enraizado
enraíce	haya enraizado
enraicemos	hayamos enraizado
enraicéis	hayáis enraizado
enraícen	hayan enraizado

Pretérito	Antepretérito
enraizara o	hubiera o
enraizase	hubiese enraizado
enraizaras o	hubieras o
enraizases	hubieses enraizado
enraizara o	hubiera o
enraizase	hubiese enraizado
enraizáramos o	hubiéramos o
enraizásemos	hubiésemos enraizado
enraizarais o	hubierais o
enraizaseis	hubieseis enraizado
enraizaran o	hubieran o
enraizasen	hubiesen enraizado

Futuro	Antefuturo
enraizare	hubiere enraizado
enraizares	hubieres enraizado
enraizare	hubiere enraizado
enraizáremos	hubiéremos enraizado
enraizareis	hubiereis enraizado
enraizaren	hubieren enraizado

IMPERATIVO

enraíza	(tú)
enraíce	(usted)
enraizad	(vosotros-as)
enraícen	(ustedes)

16 CAZAR

INDICATIVO

Presente	Antepresente
cazo	he cazado
cazas	has cazado
caza	ha cazado
cazamos	hemos cazado
cazáis	habéis cazado
cazan	han cazado

Copretérito	Antecopretérito
cazaba	había cazado
cazabas	habías cazado
cazaba	había cazado
cazábamos	habíamos cazado
cazabais	habíais cazado
cazaban	habían cazado

Pretérito	Antepretérito
cacé	hube cazado
cazaste	hubiste cazado
cazó	hubo cazado
cazamos	hubimos cazado
cazasteis	hubisteis cazado
cazaron	hubieron cazado

Futuro	Antefuturo
cazaré	habré cazado
cazarás	habrás cazado
cazará	habrá cazado
cazaremos	habremos cazado
cazaréis	habréis cazado
cazarán	habrán cazado

Pospretérito	Antepospretérito
cazaría	habría cazado
cazarías	habrías cazado
cazaría	habría cazado
cazaríamos	habríamos cazado
cazaríais	habríais cazado
cazarían	habrían cazado

SUBJUNTIVO

Presente	Antepresente
cace	haya cazado
caces	hayas cazado
cace	haya cazado
cacemos	hayamos cazado
cacéis	hayáis cazado
cacen	hayan cazado

Pretérito	Antepretérito
cazara o	hubiera o
cazase	hubiese cazado
cazaras o	hubieras o
cazases	hubieses cazado
cazara o	hubiera o
cazase	hubiese cazado
cazáramos o	hubiéramos o
cazásemos	hubiésemos cazado
cazarais o	hubierais o
cazaseis	hubieseis cazado
cazaran o	hubieran o
cazasen	hubiesen cazado

Futuro	Antefuturo
cazare	hubiere cazado
cazares	hubieres cazado
cazare	hubiere cazado
cazáremos	hubiéremos cazado
cazareis	hubiereis cazado
cazaren	hubieren cazado

IMPERATIVO

caza	(tú)
cace	(usted)
cazad	(vosotros-as)
cacen	(ustedes)

17 EDUCAR

INDICATIVO

Presente	Antepresente
educo	he educado
educas	has educado
educa	ha educado
educamos	hemos educado
educáis	habéis educado
educan	han educado

Copretérito	Antecopretérito
educaba	había educado
educabas	habías educado
educaba	había educado
educábamos	habíamos educado
educabais	habíais educado
educaban	habían educado

Pretérito	Antepretérito
eduqué	hube educado
educaste	hubiste educado
educó	hubo educádo
educamos	hubimos educado
educasteis	hubisteis educado
educaron	hubieron educado

Futuro	Antefuturo
educaré	habré educado
educarás	habrás educado
educará	habrá educado
educaremos	habremos educado
educaréis	habréis educado
educarán	habrán educado

Pospretérito	Antepospretérito
educaría	habría educado
educarías	habrías educado
educaría	habría educado
educaríamos	habríamos educado
educaríais	habríais educado
educarían	habrían educado

SUBJUNTIVO

Presente	Antepresente
eduque	haya educado
eduques	hayas educado
eduque	haya educado
eduquemos	hayamos educado
eduquéis	hayáis educado
eduquen	hayan educado

Pretérito	Antepretérito
educara o	hubiera o
educase	hubiese educado
educaras o	hubieras o
educases	hubieses educado
educara o	hubiera o
educase	hubiese educado
educáramos o	hubiéramos o
educásemos	hubiésemos educado
educarais o	hubierais o
educaseis	hubieseis educado
educaran o	hubieran o
educasen	hubiesen educado

Futuro	Antefuturo
educare	hubiere educado
educares	hubieres educado
educare	hubiere educado
educáremos	hubiéremos educado
educareis	hubiereis educado
educaren	hubieren educado

IMPERATIVO

educa	(tú)
eduque	(usted)
educad	(vosotros-as)
eduquen	(ustedes)

18 CEGAR

INDICATIVO

Presente	Antepresente
ciego	he cegado
ciegas	has cegado
ciega	ha cegado
cegamos	hemos cegado
cegáis	habéis cegado
ciegan	han cegado

Copretérito	Antecopretérito
cegaba	había cegado
cegabas	habías cegado
cegaba	había cegado
cegábamos	habíamos cegado
cegabais	habíais cegado
cegaban	habían cegado

Pretérito	Antepretérito
cegué	hube cegado
cegaste	hubiste cegado
cegó	hubo cegado
cegamos	hubimos cegado
cegasteis	hubisteis cegado
cegaron	hubieron cegado

Futuro	Antefuturo
cegaré	habré cegado
cegarás	habrás cegado
cegará	habrá cegado
cegaremos	habremos cegado
cegaréis	habréis cegado
cegarán	habrán cegado

Pospretérito	Antepospretérito
cegaría	habría cegado
cegarías	habrías cegado
cegaría	habría cegado
cegaríamos	habríamos cegado
cegaríais	habríais cegado
cegarían	habrían cegado

SUBJUNTIVO

Presente	Antepresente
ciegue	haya cegado
ciegues	hayas cegado
ciegue	haya cegado
ceguemos	hayamos cegado
ceguéis	hayáis cegado
cieguen	hayan cegado

Pretérito	Antepretérito
cegara o	hubiera o
cegase	hubiese cegado
cegaras o	hubieras o
cegases	hubieses cegado
cegara o	hubiera o
cegase	hubiese cegado
cegáramos o	hubiéramos o
cegásemos	hubiésemos cegado
cegarais o	hubierais o
cegaseis	hubieseis cegado
cegaran o	hubieran o
cegasen	hubiesen cegado

Futuro	Antefuturo
cegare	hubiere cegado
cegares	hubieres cegado
cegare	hubiere cegado
cegáremos	hubiéremos cegado
cegareis	hubiereis cegado
cegaren	hubieren cegado

IMPERATIVO

ciega	(tú)
ciegue	(usted)
cegad	(vosotros-as)
cieguen	(ustedes)

19 COLGAR

INDICATIVO

Presente	Antepresente
cuelgo	he colgado
cuelgas	has colgado
cuelga	ha colgado
colgamos	hemos colgado
colgáis	habéis colgado
cuelgan	han colgado

Copretérito	Antecopretérito
colgaba	había colgado
colgabas	habías colgado
colgaba	había colgado
colgábamos	habíamos colgado
colgabais	habíais colgado
colgaban	habían colgado

Pretérito	Antepretérito
colgué	hube colgado
colgaste	hubiste colgado
colgó	hubo colgado
colgamos	hubimos colgado
colgasteis	hubisteis colgado
colgaron	hubieron colgado

Futuro	Antefuturo
colgaré	habré colgado
colgarás	habrás colgado
colgará	habrá colgado
colgaremos	habremos colgado
colgaréis	habréis colgado
colgarán	habrán colgado

Pospretérito	Antepospretérito
colgaría	habría colgado
colgarías	habrías colgado
colgaría	habría colgado
colgaríamos	habríamos colgado
colgaríais	habríais colgado
colgarían	habrían colgado

SUBJUNTIVO

Presente	Antepresente
cuelgue	haya colgado
cuelgues	hayas colgado
cuelgue	haya colgado
colguemos	hayamos colgado
colguéis	hayáis colgado
cuelguen	hayan colgado

Pretérito	Antepretérito
colgara o	hubiera o
colgase	hubiese colgado
colgaras o	hubieras o
colgases	hubieses colgado
colgara o	hubiera o
colgase	hubiese colgado
colgáramos o	hubiéramos o
colgásemos	hubiésemos colgado
colgarais o	hubierais o
colgaseis	hubieseis colgado
colgaran o	hubieran o
colgasen	hubiesen colgado

Futuro	Antefuturo
colgare	hubiere colgado
colgares	hubieres colgado
colgare	hubiere colgado
colgáremos	hubiéremos colgado
colgareis	hubiereis colgado
colgaren	hubieren colgado

IMPERATIVO

cuelga	(tú)
cuelgue	(usted)
colgad	(vosotros-as)
cuelguen	(ustedes)

20 COMER

INDICATIVO

Presente	Antepresente
como	he comido
comes	has comido
come	ha comido
comemos	hemos comido
coméis	habéis comido
comen	han comido

Copretérito	Antecopretérito
comía	había comido
comías	habías comido
comía	había comido
comíamos	habíamos comido
comíais	habíais comido
comían	habían comido

Pretérito	Antepretérito
comí	hube comido
comiste	hubiste comido
comió	hubo comido
comimos	hubimos comido
comisteis	hubisteis comido
comieron	hubieron comido

Futuro	Antefuturo
comeré	habré comido
comerás	habrás comido
comerá	habrá comido
comeremos	habremos comido
comeréis	habréis comido
comerán	habrán comido

Pospretérito	Antepospretérito
comería	habría comido
comerías	habrías comido
comería	habría comido
comeríamos	habríamos comido
comeríais	habríais comido
comerían	habrían comido

SUBJUNTIVO

Presente	Antepresente
coma	haya comido
comas	hayas comido
coma	haya comido
comamos	hayamos comido
comáis	hayáis comido
coman	hayan comido

Pretérito	Antepretérito
comiera o	hubiera o
comiese	hubiese comido
comieras o	hubieras o
comieses	hubieses comido
comiera o	hubiera o
comiese	hubiese comido
comiéramos o	hubiéramos o
comiésemos	hubiésemos comido
comierais o	hubierais o
comieseis	hubieseis comido
comieran o	hubieran o
comiesen	hubiesen comido

Futuro	Antefuturo
comiere	hubiere comido
comieres	hubieres comido
comiere	hubiere comido
comiéremos	hubiéremos comido
comiereis	hubiereis comido
comieren	hubieren comido

IMPERATIVO

come	(tú)
coma	(usted)
comed	(vosotros-as)
coman	(ustedes)

21 SER

INDICATIVO

Presente	Antepresente
soy	he sido
eres	has sido
es	ha sido
somos	hemos sido
sois	habéis sido
son	han sido

Copretérito	Antecopretérito
era	había sido
eras	habías sido
era	había sido
éramos	habíamos sido
erais	habíais sido
eran	habían sido

Pretérito	Antepretérito
fui	hube sido
fuiste	hubiste sido
fue	hubo sido
fuimos	hubimos sido
fuisteis	hubisteis sido
fueron	hubieron sido

Futuro	Antefuturo
seré	habré sido
serás	habrás sido
será	habrá sido
seremos	habremos sido
seréis	habréis sido
serán	habrán sido

Pospretérito	Antepospretérito
sería	habría sido
serías	habrías sido
sería	habría sido
seríamos	habríamos sido
seríais	habríais sido
serían	habrían sido

SUBJUNTIVO

Presente	Antepresente
sea	haya sido
seas	hayas sido
sea	haya sido
seamos	hayamos sido
seáis	hayáis sido
sean	hayan sido

Pretérito	Antepretérito
fuera o	hubiera o
fuese	hubiese sido
fueras o	hubieras o
fueses	hubieses sido
fuera o	hubiera o
fuese	hubiese sido
fuéramos o	hubiéramos o
fuésemos	hubiésemos sido
fuerais o	hubierais o
fueseis	hubieseis sido
fueran o	hubieran o
fuesen	hubiesen sido

Futuro	Antefuturo
fuere	hubiere sido
fueres	hubieres sido
fuere	hubiere sido
fuéremos	hubiéremos sido
fuereis	hubiereis sido
fueren	hubieren sido

IMPERATIVO

sé	(tú)
sea	(usted)
sed	(vosotros-as)
sean	(ustedes)

57

22 HABER

INDICATIVO

Presente	Antepresente
he	————
has	————
ha (hay)	ha habido
hemos	————
habéis	————
han	————

Copretérito	Antecopretérito
había	————
habías	————
había	había habido
habíamos	————
habíais	————
habían	————

Pretérito	Antepretérito
hube	————
hubiste	————
hubo	hubo habido
hubimos	————
hubisteis	————
hubieron	————

Futuro	Antefuturo
habré	————
habrás	————
habrá	habrá habido
habremos	————
habréis	————
habrán	————

Pospretérito	Antepospretérito
habría	————
habrías	————
habría	habría habido
habríamos	————
habríais	————
habrían	————

SUBJUNTIVO

Presente	Antepresente
haya	————
hayas	————
haya	haya habido
hayamos	————
hayáis	————
hayan	————

Pretérito	Antepretérito
hubiera o	————
hubiese	
hubieras o	————
hubieses	
hubiera o	hubiera o
hubiese	hubiese habido
hubiéramos o	————
hubiésemos	
hubierais o	————
hubieseis	
hubieran o	————
hubiesen	

Futuro	Antefuturo
hubiere	————
hubieres	————
hubiere	hubiere habido
hubiéremos	————
hubiereis	————
hubieren	————

IMPERATIVO

————	(tú)
————	(usted)
————	(vosotros-as)
————	(ustedes)

23 HACER

INDICATIVO

Presente	Antepresente
hago	he hecho
haces	has hecho
hace	ha hecho
hacemos	hemos hecho
hacéis	habéis hecho
hacen	han hecho

Copretérito	Antecopretérito
hacía	había hecho
hacías	habías hecho
hacía	había hecho
hacíamos	habíamos hecho
hacíais	habíais hecho
hacían	habían hecho

Pretérito	Antepretérito
hice	hube hecho
hiciste	hubiste hecho
hizo	hubo hecho
hicimos	hubimos hecho
hicisteis	hubisteis hecho
hicieron	hubieron hecho

Futuro	Antefuturo
haré	habré hecho
harás	habrás hecho
hará	habrá hecho
haremos	habremos hecho
haréis	habréis hecho
harán	habrán hecho

Pospretérito	Antepospretérito
haría	habría hecho
harías	habrías hecho
haría	habría hecho
haríamos	habríamos hecho
haríais	habríais hecho
harían	habrían hecho

SUBJUNTIVO

Presente	Antepresente
haga	haya hecho
hagas	hayas hecho
haga	haya hecho
hagamos	hayamos hecho
hagáis	hayáis hecho
hagan	hayan hecho

Pretérito	Antepretérito
hiciera o	hubiera o
hiciese	hubiese hecho
hicieras o	hubieras o
hicieses	hubieses hecho
hiciera o	hubiera o
hiciese	hubiese hecho
hiciéramos o	hubiéramos o
hiciésemos	hubiésemos hecho
hicierais o	hubierais o
hicieseis	hubieseis hecho
hicieran o	hubieran o
hiciesen	hubiesen hecho

Futuro	Antefuturo
hiciere	hubiere hecho
hicieres	hubieres hecho
hiciere	hubiere hecho
hiciéremos	hubiéremos hecho
hiciereis	hubiereis hecho
hicieren	hubieren hecho

IMPERATIVO

haz	(tú)
haga	(usted)
haced	(vosotros-as)
hagan	(ustedes)

59

24 PERDER

INDICATIVO

Presente
pierdo
pierdes
pierde
perdemos
perdéis
pierden

Antepresente
he perdido
has perdido
ha perdido
hemos perdido
habéis perdido
han perdido

Copretérito
perdía
perdías
perdía
perdíamos
perdíais
perdían

Antecopretérito
había perdido
habías perdido
había perdido
habíamos perdido
habíais perdido
habían perdido

Pretérito
perdí
perdiste
perdió
perdimos
perdisteis
perdieron

Antepretérito
hube perdido
hubiste perdido
hubo perdido
hubimos perdido
hubisteis perdido
hubieron perdido

Futuro
perderé
perderás
perderá
perderemos
perderéis
perderán

Antefuturo
habré perdido
habrás perdido
habrá perdido
habremos perdido
habréis perdido
habrán perdido

Pospretérito
perdería
perderías
perdería
perderíamos
perderíais
perderían

Antepospretérito
habría perdido
habrías perdido
habría perdido
habríamos perdido
habríais perdido
habrían perdido

SUBJUNTIVO

Presente
pierda
pierdas
pierda
perdamos
perdáis
pierdan

Antepresente
haya perdido
hayas perdido
haya perdido
hayamos perdido
hayáis perdido
hayan perdido

Pretérito
perdiera o
perdiese
perdieras o
perdieses
perdiera o
perdiese
perdiéramos o
perdiésemos
perdierais o
perdieseis
perdieran o
perdiesen

Antepretérito
hubiera o
hubiese perdido
hubieras o
hubieses perdido
hubiera o
hubiese perdido
hubiéramos o
hubiésemos perdido
hubierais o
hubieseis perdido
hubieran o
hubiesen perdido

Futuro
perdiere
perdieres
perdiere
perdiéremos
perdiereis
perdieren

Antefuturo
hubiere perdido
hubieres perdido
hubiere perdido
hubiéremos perdido
hubiereis perdido
hubieren perdido

IMPERATIVO

pierde   (tú)
pierda   (usted)
perded   (vosotros-as)
pierdan   (ustedes)

25 QUERER

INDICATIVO

Presente	Antepresente
quiero	he querido
quieres	has querido
quiere	ha querido
queremos	hemos querido
queréis	habéis querido
quieren	han querido

Copretérito	Antecopretérito
quería	había querido
querías	habías querido
quería	había querido
queríamos	habíamos querido
queríais	habíais querido
querían	habían querido

Pretérito	Antepretérito
quise	hube querido
quisiste	hubiste querido
quiso	hubo querido
quisimos	hubimos querido
quisisteis	hubisteis querido
quisieron	hubieron querido

Futuro	Antefuturo
querré	habré querido
querrás	habrás querido
querrá	habrá querido
querremos	habremos querido
querréis	habréis querido
querrán	habrán querido

Pospretérito	Antepospretérito
querría	habría querido
querrías	habrías querido
querría	había querido
querríamo	habríamos querido
querríais	habríais querido
querrían	habrían querido

SUBJUNTIVO

Presente	Antepresente
quiera	haya querido
quieras	hayas querido
quiera	haya querido
queramos	hayamos querido
queráis	hayáis querido
quieran	hayan querido

Pretérito	Antepretérito
quisiera o	hubiera o
quisiese	hubiese querido
quisieras o	hubieras o
quisieses	hubieses querido
quisiera o	hubiera o
quisiese	hubiese querido
quisiéramos o	hubiéramos o
quisiésemos	hubiésemos querido
quisierais o	hubierais o
quisieseis	hubieseis querido
quisieran o	hubieran o
quisiesen	hubiesen querido

Futuro	Antefuturo
quisiere	hubiere querido
quisieres	hubieres querido
quisiere	hubiere querido
quisiéremos	hubiéremos querido
quisiereis	hubiereis querido
quisieren	hubieren querido

IMPERATIVO

quiere	(tú)
quiera	(usted)
quered	(vosotros-as)
quieran	(ustedes)

61

26 TENER

INDICATIVO

Presente	Antepresente
tengo	he tenido
tienes	has tenido
tiene	ha tenido
tenemos	hemos tenido
tenéis	habéis tenido
tienen	han tenido

Copretérito	Antecopretérito
tenía	había tenido
tenías	habías tenido
tenía	había tenido
teníamos	habíamos tenido
teníais	habíais tenido
tenían	habían tenido

Pretérito	Antepretérito
tuve	hube tenido
tuviste	hubiste tenido
tuvo	hubo tenido
tuvimos	hubimos tenido
tuvisteis	hubisteis tenido
tuvieron	hubieron tenido

Futuro	Antefuturo
tendré	habré tenido
tendrás	habrás tenido
tendrá	habrá tenido
tendremos	habremos tenido
tendréis	habréis tenido
tendrán	habrán tenido

Pospretérito	Antepospretérito
tendría	habría tenido
tendrías	habrías tenido
tendría	había tenido
tendríamos	habríamos tenido
tendríais	habríais tenido
tendrían	habrían tenido

SUBJUNTIVO

Presente	Antepresente
tenga	haya tenido
tengas	hayas tenido
tenga	haya tenido
tengamos	hayamos tenido
tengáis	hayáis tenido
tengan	hayan tenido

Pretérito	Antepretérito
tuviera o	hubiera o
tuviese	hubiese tenido
tuvieras o	hubieras o
tuvieses	hubieses tenido
tuviera o	hubiera o
tuviese	hubiese tenido
tuviéramos o	hubiéramos o
tuviésemos	hubiésemos tenido
tuvierais o	hubierais o
tuvieseis	hubieseis tenido
tuvieran o	hubieran o
tuviesen	hubiesen tenido

Futuro	Antefuturo
tuviere	hubiere tenido
tuvieres	hubieres tenido
tuviere	hubiere tenido
tuviéremos	hubiéremos tenido
tuviereis	hubiereis tenido
tuvieren	hubieren tenido

IMPERATIVO

ten	(tú)
tenga	(usted)
tened	(vosotros-as)
tengan	(ustedes)

27 PONER

INDICATIVO

Presente	Antepresente
pongo	he puesto
pones	has puesto
pone	ha puesto
ponemos	hemos puesto
ponéis	habéis puesto
ponen	han puesto

Copretérito	Antecopretérito
ponía	había puesto
ponías	habías puesto
ponía	había puesto
poníamos	habíamos puesto
poníais	habíais puesto
ponían	habían puesto

Pretérito	Antepretérito
puse	hube puesto
pusiste	hubiste puesto
puso	hubo puesto
pusimos	hubímos puesto
pusisteis	hubisteis puesto
pusieron	hubieron puesto

Futuro	Antefuturo
pondré	habré puesto
pondrás	habrás puesto
pondrá	habrá puesto
pondremos	habremos puesto
pondréis	habréis puesto
pondrán	habrán puesto

Pospretérito	Antepospretérito
pondría	habría puesto
pondrías	habrías puesto
pondría	habría puesto
pondríamos	habríamos puesto
pondríais	habríais puesto
pondrían	habrían puesto

SUBJUNTIVO

Presente	Antepresente
ponga	haya puesto
pongas	hayas puesto
ponga	haya puesto
pongamos	hayamos puesto
pongáis	hayáis puesto
pongan	hayan puesto

Pretérito	Antepretérito
pusiera o	hubiera o
pusiese	hubiese puesto
pusieras o	hubieras o
pusieses	hubieses puesto
pusiera o	hubiera o
pusiese	hubiese puesto
pusiéramos o	hubiéramos o
pusiésemos	hubiésemos puesto
pusierais o	hubierais o
pusieseis	hubieseis puesto
pusieran o	hubieran o
pusiesen	hubiesen puesto

Futuro	Antefuturo
pusiere	hubiere puesto
pusieres	hubieres puesto
pusiere	hubiere puesto
pusiéremos	hubiéremos puesto
pusiereis	hubiereis puesto
pusieren	hubieren puesto

IMPERATIVO

pon	(tú)
ponga	(usted)
poned	(vosotros-as)
pongan	(ustedes)

63

28 PODER

INDICATIVO

Presente	Antepresente
puedo	he podido
puedes	has podido
puede	ha podido
podemos	hemos podido
podéis	habéis podido
pueden	han podido

Copretérito	Antecopretérito
podía	había podido
podías	habías podido
podía	había podido
podíamos	habíamos podido
podíais	habíais podido
podían	habían podido

Pretérito	Antepretérito
pude	hube podido
pudiste	hubiste podido
pudo	hubo podido
pudimos	hubimos podido
pudisteis	hubisteis podido
pudieron	hubieron podido

Futuro	Antefuturo
podré	habré podido
podrás	habrás podido
podrá	habrá podido
podremos	habremos podido
podréis	habréis podido
podrán	habrán podido

Pospretérito	Antepospretérito
podría	habría podido
podrías	habrías podido
podría	habría podido
podríamos	habríamos podido
podríais	habríais podido
podrían	habrían podido

SUBJUNTIVO

Presente	Antepresente
pueda	haya podido
puedas	hayas podido
pueda	haya podido
podamos	hayamos podido
podáis	hayáis podido
puedan	hayan podido

Pretérito	Antepretérito
pudiera o	hubiera o
pudiese	hubiese podido
pudieras o	hubieras o
pudieses	hubieses podido
pudiera o	hubiera o
pudiese	hubiese podido
pudiéramos o	hubiéramos o
pudiésemos	hubiésemos podido
pudierais o	hubierais o
pudieseis	hubieseis podido
pudieran o	hubieran o
pudiesen	hubiesen podido

Futuro	Antefuturo
pudiere	hubiere podido
pudieres	hubieres podido
pudiere	hubiere podido
pudiéremos	hubiéremos podido
pudiereis	hubiereis podido
pudieren	hubieren podido

IMPERATIVO

puede	(tú)
pueda	(usted)
poded	(vosotros-as)
puedan	(ustedes)

29 VOLVER

INDICATIVO

Presente	Antepresente
vuelvo	he vuelto
vuelves	has vuelto
vuelve	ha vuelto
volvemos	hemos vuelto
volvéis	habéis vuelto
vuelven	han vuelto

Copretérito	Antecopretérito
volvía	había vuelto
volvías	habías vuelto
volvía	había vuelto
volvíamos	habíamos vuelto
volvíais	habíais vuelto
volvían	habían vuelto

Pretérito	Antepretérito
volví	hube vuelto
volviste	hubiste vuelto
volvió	hubo vuelto
volvimos	hubimos vuelto
volvisteis	hubisteis vuelto
volvieron	hubieron vuelto

Futuro	Antefuturo
volveré	habré vuelto
volverás	habrás vuelto
volverá	habrá vuelto
volveremos	habremos vuelto
volveréis	habréis vuelto
volverán	habrán vuelto

Pospretérito	Antepospretérito
volvería	habría vuelto
volverías	habrías vuelto
volvería	habría vuelto
volveríamos	habríamos vuelto
volveríais	habríais vuelto
volverían	habrían vuelto

SUBJUNTIVO

Presente	Antepresente
vuelva	haya vuelto
vuelvas	hayas vuelto
vuelva	haya vuelto
volvamos	hayamos vuelto
volváis	hayáis vuelto
vuelvan	hayan vuelto

Pretérito	Antepretérito
volviera o	hubiera o
volviese	hubiese vuelto
volvieras o	hubieras o
volvieses	hubieses vuelto
volviera o	hubiera o
volviese	hubiese vuelto
volviéramos o	hubiéramos o
volviésemos	hubiésemos vuelto
volvierais o	hubierais o
volvieseis	hubieseis vuelto
volvieran o	hubieran o
volviesen	hubiesen vuelto

Futuro	Antefuturo
volviere	hubiere vuelto
volvieres	hubieres vuelto
volviere	hubiere vuelto
volviéremos	hubiéremos vuelto
volviereis	hubiereis vuelto
volvieren	hubieren vuelto

IMPERATIVO

vuelve	(tú)
vuelva	(usted)
volved	(vosotros-as)
vuelvan	(ustedes)

30 COCER

INDICATIVO

Presente	Antepresente
cuezo	he cocido
cueces	has cocido
cuece	ha cocido
cocemos	hemos cocido
cocéis	habéis cocido
cuecen	han cocido

Copretérito	Antecopretérito
cocía	había cocido
cocías	habías cocido
cocía	había cocido
cocíamos	habíamos cocido
cocíais	habíais cocido
cocían	habían cocido

Pretérito	Antepretérito
cocí	hube cocido
cociste	hubiste cocido
coció	hubo cocido
cocimos	hubimos cocido
cocisteis	hubisteis cocido
cocieron	hubieron cocido

Futuro	Antefuturo
coceré	habré cocido
cocerás	habrás cocido
cocerá	habrá cocido
coceremos	habremos cocido
coceréis	habréis cocido
cocerán	habrán cocido

Pospretérito	Antepospretérito
cocería	habría cocido
cocerías	habrías cocido
cocería	habría cocido
coceríamos	habríamos cocido
coceríais	habríais cocido
cocerían	habrían cocido

SUBJUNTIVO

Presente	Antepresente
cueza	haya cocido
cuezas	hayas cocido
cueza	haya cocido
cozamos	hayamos cocido
cozáis	hayáis cocido
cuezan	hayan cocido

Pretérito	Antepretérito
cociera o	hubiera o
cociese	hubiese cocido
cocieras o	hubieras o
cocieses	hubieses cocido
cociera o	hubiera o
cociese	hubiese cocido
cociéramos o	hubiéramos o
cociésemos	hubiésemos cocido
cocierais o	hubierais o
cocieseis	hubieseis cocido
cocieran o	hubieran o
cociesen	hubiesen cocido

Futuro	Antefuturo
cociere	hubiere cocido
cocieres	hubieres cocido
cociere	hubiere cocido
cociéremos	hubiéremos cocido
cociereis	hubiereis cocido
cocieren	hubieren cocido

IMPERATIVO

cuece	(tú)
cueza	(usted)
coced	(vosotros-as)
cuezan	(ustedes)

31 VER

INDICATIVO

Presente	Antepresente
veo	he visto
ves	has visto
ve	ha visto
vemos	hemos visto
veis	habéis visto
ven	han visto

Copretérito	Antecopretérito
veía	había visto
veías	habías visto
veía	había visto
veíamos	habíamos visto
veíais	habíais visto
veían	habían visto

Pretérito	Antepretérito
vi	hube visto
viste	hubiste visto
vio	hubo visto
vimos	hubimos visto
visteis	hubisteis visto
vieron	hubieron visto

Futuro	Antefuturo
veré	habré visto
verás	habrás visto
verá	habrá visto
veremos	habremos visto
veréis	habréis visto
verán	habrán visto

Pospretérito	Antepospretérito
vería	habría visto
verías	habrías visto
vería	habría visto
veríamos	habríamos visto
veríais	habríais visto
verían	habrían visto

SUBJUNTIVO

Presente	Antepresente
vea	haya visto
veas	hayas visto
vea	haya visto
veamos	hayamos visto
veáis	hayáis visto
vean	hayan visto

Pretérito	Antepretérito
viera o	hubiera o
viese	hubiese visto
vieras o	hubieras o
vieses	hubieses visto
viera o	hubiera o
viese	hubiese visto
viéramos o	hubiéramos o
viésemos	hubiésemos visto
vierais o	hubierais o
vieseis	hubieseis visto
vieran o	hubieran o
viesen	hubiesen visto

Futuro	Antefuturo
viere	hubiere visto
vieres	hubieres visto
viere	hubiere visto
viéremos	hubiéremos visto
viereis	hubiereis visto
vieren	hubieren visto

IMPERATIVO

ve	(tú)
vea	(usted)
ved	(vosotros-as)
vean	(ustedes)

67

32 LEER

INDICATIVO

Presente	Antepresente
leo	he leído
lees	has leído
lee	ha leído
leemos	hemos leído
leéis	habéis leído
leen	han leído

Copretérito	Antecopretérito
leía	había leído
leías	habías leído
leía	había leído
leíamos	habíamos leído
leíais	habíais leído
leían	habían leído

Pretérito	Antepretérito
leí	hube leído
leíste	hubiste leído
leyó	hubo leído
leímos	hubimos leído
leísteis	hubisteis leído
leyeron	hubieron leído

Futuro	Antefuturo
leeré	habré leído
leerás	habrás leído
leerá	habrá leído
leeremos	habremos leído
leeréis	habréis leído
leerán	habrán leído

Pospretérito	Antepospretérito
leería	habría leído
leerías	habrías leído
leería	habría leído
leeríamos	habríamos leído
leeríais	habríais leído
leerían	habrían leído

SUBJUNTIVO

Presente	Antepresente
lea	haya leído
leas	hayas leído
lea	haya leído
leamos	hayamos leído
leáis	hayáis leído
lean	hayan leído

Pretérito	Antepretérito
leyera o	hubiera o
leyese	hubiese leído
leyeras o	hubieras o
leyeses	hubieses leído
leyera o	hubiera o
leyese	hubiese leído
leyéramos o	hubiéramos o
leyésemos	hubiésemos leído
leyerais o	hubierais o
leyeseis	hubieseis leído
leyeran o	hubieran o
leyesen	hubiesen leído

Futuro	Antefuturo
leyere	hubiere leído
leyeres	hubieres leído
leyere	hubiere leído
leyéremos	hubiéremos leído
leyereis	hubiereis leído
leyeren	hubieren leído

IMPERATIVO

lee	(tú)
lea	(usted)
leed	(vosotros-as)
lean	(ustedes)

68

33 OLER

INDICATIVO

Presente	Antepresente
huelo	he olido
hueles	has olido
huele	ha olido
olemos	hemos olido
oléis	habéis olido
huelen	han olido

Copretérito	Antecopretérito
olía	había olido
olías	habías olido
olía	había olido
olíamos	habíamos olido
olíais	habíais olido
olían	habían olido

Pretérito	Antepretérito
olí	hube olido
oliste	hubiste olido
olió	hubo olido
olimos	hubimos olido
olisteis	hubisteis olido
olieron	hubieron olido

Futuro	Antefuturo
oleré	habré olido
olerás	habrás olido
olerá	habrá olido
oleremos	habremos olido
oleréis	habréis olido
olerán	habrán olido

Pospretérito	Antepospretérito
olería	habría olido
olerías	habrías olido
olería	habría olido
oleríamos	habríamos olido
oleríais	habríais olido
olerían	habrían olido

SUBJUNTIVO

Presente	Antepresente
huela	haya olido
huelas	hayas olido
huela	haya olido
olamos	hayamos olido
oláis	hayáis olido
huelan	hayan olido

Pretérito	Antepretérito
oliera u	hubiera o
oliese	hubiese olido
olieras u	hubieras o
olieses	hubieses olido
oliera u	hubiera o
oliese	hubiese olido
oliéramos u	hubiéramos o
oliésemos	hubiésemos olido
olierais u	hubierais o
olieseis	hubieseis olido
olieran u	hubieran o
oliesen	hubiesen olido

Futuro	Antefuturo
oliere	hubiere olido
olieres	hubieres olido
oliere	hubiere olido
oliéremos	hubiéremos olido
oliereis	hubiereis olido
olieren	hubieren olido

IMPERATIVO

huele	(tú)
huela	(usted)
oled	(vosotros-as)
huelan	(ustedes)

69

34 VALER

INDICATIVO

Presente	Antepresente
valgo	he valido
vales	has valido
vale	ha valido
valemos	hemos valido
valéis	habéis valido
valen	han valido

Copretérito	Antecopretérito
valía	había valido
valías	habías valido
valía	había valido
valíamos	habíamos valido
valías	habíais valido
valían	habían valido

Pretérito	Antepretérito
valí	hube valido
valiste	hubiste valido
valió	hubo valido
valimos	hubimos valido
valisteis	hubisteis valido
valieron	hubieron valido

Futuro	Antefuturo
valdré	habré valido
valdrás	habrás valido
valdrá	habrá valido
valdremos	habremos valido
valdréis	habréis valido
valdrán	habrán valido

Pospretérito	Antepospretérito
valdría	habría valido
valdrías	habrías valido
valdría	habría valido
valdríamos	habríamos valido
valdríais	habríais valido
valdrían	habrían valido

SUBJUNTIVO

Presente	Antepresente
valga	haya valido
valgas	hayas valido
valga	haya valido
valgamos	hayamos valido
valgáis	hayáis valido
valgan	hayan valido

Pretérito	Antepretérito
valiera o	hubiera o
valiese	hubiese valido
valieras o	hubieras o
valieses	hubieses valido
valiera o	hubiera o
valiese	hubiese valido
valiéramos o	hubiéramos o
valiésemos	hubiésemos valido
valierais o	hubierais o
valieseis	hubieseis valido
valieran o	hubieran o
valiesen	hubiesen valido

Futuro	Antefuturo
valiere	hubiere valido
valieres	hubieres valido
valiere	hubiere valido
valiéremos	hubiéremos valido
valiereis	hubiereis valido
valieren	hubieren valido

IMPERATIVO

vale	(tú)
valga	(usted)
valed	(vosotros-as)
valgan	(ustedes)

35 CABER

INDICATIVO

Presente	Antepresente
quepo	he cabido
cabes	has cabido
cabe	ha cabido
cabemos	hemos cabido
cabéis	habéis cabido
caben	han cabido

Copretérito	Antecopretérito
cabía	había cabido
cabías	habías cabido
cabía	había cabido
cabíamos	habíamos cabido
cabíais	habíais cabido
cabían	habían cabido

Pretérito	Antepretérito
cupe	hube cabido
cupiste	hubiste cabido
cupo	hubo cabido
cupimos	hubimos cabido
cupisteis	hubisteis cabido
cupieron	hubieron cabido

Futuro	Antefuturo
cabré	habré cabido
cabrás	habrás cabido
cabrá	habrá cabido
cabremos	habremos cabido
cabréis	habréis cabido
cabrán	habrán cabido

Pospretérito	Antepospretérito
cabría	habría cabido
cabrías	habrías cabido
cabría	había cabido
cabríamos	habríamos cabido
cabríais	habríais cabido
cabrían	habrían cabido

SUBJUNTIVO

Presente	Antepresente
quepa	haya cabido
quepas	hayas cabido
quepa	haya cabido
quepamos	hayamos cabido
quepáis	hayáis cabido
quepan	hayan cabido

Pretérito	Antepretérito
cupiera o	hubiera o
cupiese	hubiese cabido
cupieras o	hubieras o
cupieses	hubieses cabido
cupiera o	hubiera o
cupiese	hubiese cabido
cupiéramos o	hubiéramos o
cupiésemos	hubiésemos cabido
cupierais o	hubierais o
cupieseis	hubieseis cabido
cupieran o	hubieran o
cupiesen	hubiesen cabido

Futuro	Antefuturo
cupiere	hubiere cabido
cupieres	hubieres cabido
cupiere	hubiere cabido
cupiéremos	hubiéremos cabido
cupiereis	hubiereis cabido
cupieren	hubieren cabido

IMPERATIVO

cabe	(tú)
quepa	(usted)
cabed	(vosotros-as)
quepan	(ustedes)

36 SABER

INDICATIVO

Presente	Antepresente
sé	he sabido
sabes	has sabido
sabe	ha sabido
sabemos	hemos sabido
sabéis	habéis sabido
saben	han sabido

Copretérito	Antecopretérito
sabía	había sabido
sabías	habías sabido
sabía	había sabido
sabíamos	habíamos sabido
sabíais	habíais sabido
sabían	habían sabido

Pretérito	Antepretérito
supe	hube sabido
supiste	hubiste sabido
supo	hubo sabido
supimos	hubimos sabido
supisteis	hubisteis sabido
supieron	hubieron sabido

Futuro	Antefuturo
sabré	habré sabido
sabrás	habrás sabido
sabrá	habrá sabido
sabremos	habremos sabido
sabréis	habréis sabido
sabrán	habrán sabido

Pospretérito	Antepospretérito
sabría	habría sabido
sabrías	habrías sabido
sabría	había sabido
sabríamos	habríamos sabido
sabríais	habríais sabido
sabrían	habrían sabido

SUBJUNTIVO

Presente	Antepresente
sepa	haya sabido
sepas	hayas sabido
sepa	haya sabido
sepamos	hayamos sabido
sepáis	hayáis sabido
sepan	hayan sabido

Pretérito	Antepretérito
supiera o	hubiera o
supiese	hubiese sabido
supieras o	hubieras o
supieses	hubieses sabido
supiera o	hubiera o
supiese	hubiese sabido
supiéramos o	hubiéramos o
supiésemos	hubiésemos sabido
supierais o	hubierais o
supieseis	hubieseis sabido
supieran o	hubieran o
supiesen	hubiesen sabido

Futuro	Antefuturo
supiere	hubiere sabido
supieres	hubieres sabido
supiere	hubiere sabido
supiéremos	hubiéremos sabido
supiereis	hubiereis sabido
supieren	hubieren sabido

IMPERATIVO

sabe	(tú)
sepa	(usted)
sabed	(vosotros-as)
sepan	(ustedes)

37 CAER

INDICATIVO

Presente	Antepresente
caigo	he caído
caes	has caído
cae	ha caído
caemos	hemos caído
caéis	habéis caído
caen	han caído

Copretérito	Antecopretérito
caía	había caído
caías	habías caído
caía	había caído
caíamos	habíamos caído
caíais	habíais caído
caían	habían caído

Pretérito	Antepretérito
caí	hube caído
caíste	hubiste caído
cayó	hubo caído
caímos	hubimos caído
caísteis	hubisteis caído
cayeron	hubieron caído

Futuro	Antefuturo
caeré	habré caído
caerás	habrás caído
caerá	habrá caído
caeremos	habremos caído
caeréis	habréis caído
caerán	habrán caído

Pospretérito	Antepospretérito
caería	habría caído
caerías	habrías caído
caería	habría caído
caeríamos	habríamos caído
caeríais	habríais caído
caerían	habrían caído

SUBJUNTIVO

Presente	Antepresente
caiga	haya caído
caigas	hayas caído
caiga	haya caído
caigamos	hayamos caído
caigáis	hayáis caído
caigan	hayan caído

Pretérito	Antepretérito
cayera o	hubiera o
cayese	hubiese caído
cayeras o	hubieras o
cayeses	hubieses caído
cayera o	hubiera o
cayese	hubiese caído
cayéramos o	hubiéramos o
cayésemos	hubiésemos caído
cayerais o	hubierais o
cayeseis	hubieseis caído
cayeran o	hubieran o
cayesen	hubiesen caído

Futuro	Antefuturo
cayere	hubiere caído
cayeres	hubieres caído
cayere	hubiere caído
cayéremos	hubiéremos caído
cayereis	hubiereis caído
cayeren	hubieren caído

IMPERATIVO

cae	(tú)
caiga	(usted)
caed	(vosotros-as)
caigan	(ustedes)

38 TRAER

INDICATIVO

Presente	Antepresente
traigo	he traído
traes	has traído
trae	ha traído
traemos	hemos traído
traéis	habéis traído
traen	han traído

Copretérito	Antecopretérito
traía	había traído
traías	habías traído
traía	había traído
traíamos	habíamos traído
traíais	habíais traído
traían	habían traído

Pretérito	Antepretérito
traje	hube traído
trajiste	hubiste traído
trajo	hubo traído
trajimos	hubimos traído
trajisteis	hubisteis traído
trajeron	hubieron traído

Futuro	Antefuturo
traeré	habré traído
traerás	habrás traído
traerá	habrá traído
traeremos	habremos traído
traeréis	habréis traído
traerán	habrán traído

Pospretérito	Antepospretérito
traería	habría traído
traerías	habrías traído
traería	habría traído
traeríamos	habríamos traído
traeríais	habríais traído
traerían	habrían traído

SUBJUNTIVO

Presente	Antepresente
traiga	haya traído
traigas	hayas traído
traiga	haya traído
traigamos	hayamos traído
traigáis	hayáis traído
traigan	hayan traído

Pretérito	Antepretérito
trajera o	hubiera o
trajese	hubiese traído
trajeras o	hubieras o
trajeses	hubieses traído
trajera o	hubiera o
trajese	hubiese traído
trajéramos o	hubiéramos o
trajésemos	hubiésemos traído
trajerais o	hubierais o
trajeseis	hubieseis traído
trajeran o	hubieran o
trajesen	hubiesen traído

Futuro	Antefuturo
trajere	hubiere o
trajeres	hubieres traído
trajere	hubiere traído
trajéremos	hubiéremos traído
trajereis	hubiereis traído
trajeren	hubieren traído

IMPERATIVO

trae	(tú)
traiga	(usted)
traed	(vosotros-as)
traigan	(ustedes)

74

39 CRECER

INDICATIVO

Presente	Antepresente
crezco	he crecido
creces	has crecido
crece	ha crecido
crecemos	hemos crecido
crecéis	habéis crecido
crecen	han crecido

Copretérito	Antecopretérito
crecía	había crecido
crecías	habías crecido
crecía	había crecido
crecíamos	habíamos crecido
crecíais	habíais crecido
crecían	habían crecido

Pretérito	Antepretérito
crecí	hube crecido
creciste	hubiste crecido
creció	hubo crecido
crecimos	hubimos crecido
crecisteis	hubisteis crecido
crecieron	hubieron crecido

Futuro	Antefuturo
creceré	habré crecido
crecerás	habrás crecido
crecerá	habrá crecido
creceremos	habremos crecido
creceréis	habréis crecido
crecerán	habrán crecido

Pospretérito	Antepospretérito
crecería	habría crecido
crecerías	habrías crecido
crecería	habría crecido
creceríamos	habríamos crecido
creceríais	habríais crecido
crecerían	habrían crecido

SUBJUNTIVO

Presente	Antepresente
crezca	haya crecido
crezcas	hayas crecido
crezca	haya crecido
crezcamos	hayamos crecido
crezcáis	hayáis crecido
crezcan	hayan crecido

Pretérito	Antepretérito
creciera o	hubiera o
creciese	hubiese crecido
crecieras o	hubieras o
crecieses	hubieses crecido
creciera o	hubiera o
creciese	hubiese crecido
creciéramos o	hubiéramos o
creciésemos	hubiésemos crecido
crecierais o	hubierais o
crecieseis	hubieseis crecido
crecieran o	hubieran o
creciesen	hubiesen crecido

Futuro	Antefuturo
creciere	hubiere crecido
crecieres	hubieres crecido
creciere	hubiere crecido
creciéremos	hubiéremos crecido
creciereis	hubiereis crecido
crecieren	hubieren crecido

IMPERATIVO

crece	(tú)
crezca	(usted)
creced	(vosotros-as)
crezcan	(ustedes)

40 VENCER

INDICATIVO

Presente
venzo
vences
vence
vencemos
vencéis
vencen

Antepresente
he vencido
has vencido
ha vencido
hemos vencido
habéis vencido
han vencido

Copretérito
vencía
vencías
vencía
vencíamos
vencíais
vencían

Antecopretérito
había vencido
habías vencido
había vencido
habíamos vencido
habíais vencido
habían vencido

Pretérito
vencí
venciste
venció
vencimos
vencisteis
vencieron

Antepretérito
hube vencido
hubiste vencido
hubo vencido
hubimos vencido
hubisteis vencido
hubieron vencido

Futuro
venceré
vencerás
vencerá
venceremos
venceréis
vencerán

Antefuturo
habré vencido
habrás vencido
habrá vencido
habremos vencido
habréis vencido
habrán vencido

Pospretérito
vencería
vencerías
vencería
venceríamos
venceríais
vencerían

Antepospretérito
habría vencido
habrías vencido
habría vencido
habríamos vencido
habríais vencido
habrían vencido

SUBJUNTIVO

Presente
venza
venzas
venza
venzamos
venzáis
venzan

Antepresente
haya vencido
hayas vencido
haya vencido
hayamos vencido
hayáis vencido
hayan vencido

Pretérito
venciera o
venciese
vencieras o
vencieses
venciera o
venciese
venciéramos o
venciésemos
vencierais o
vencieseis
vencieran o
venciesen

Antepretérito
hubiera o
hubiese vencido
hubieras o
hubieses vencido
hubiera o
hubiese vencido
hubiéramos o
hubiésemos vencido
hubierais o
hubieseis vencido
hubieran o
hubiesen vencido

Futuro
venciere
vencieres
venciere
venciéremos
venciereis
vencieren

Antefuturo
hubiere vencido
hubieres vencido
hubiere vencido
hubiéremos vencido
hubiereis vencido
hubieren vencido

IMPERATIVO

vence   (tú)
venza   (usted)
venced   (vosotros-as)
venzan   (ustedes)

41 COGER

INDICATIVO

Presente	Antepresente
cojo	he cogido
coges	has cogido
coge	ha cogido
cogemos	hemos cogido
cogéis	habéis cogido
cogen	han cogido

Copretérito	Antecopretérito
cogía	había cogido
cogías	habías cogido
cogía	había cogido
cogíamos	habíamos cogido
cogíais	habíais cogido
cogían	habían cogido

Pretérito	Antepretérito
cogí	hube cogido
cogiste	hubiste cogido
cogió	hubo cogido
cogimos	hubimos cogido
cogisteis	hubisteis cogido
cogieron	hubieron cogido

Futuro	Antefuturo
cogeré	habré cogido
cogerás	habrás cogido
cogerá	habrá cogido
cogeremos	habremos cogido
cogeréis	habréis cogido
cogerán	habrán cogido

Pospretérito	Antepospretérito
cogería	habría cogido
cogerías	habrías cogido
cogería	habría cogido
cogeríamos	habríamos cogido
cogeríais	habríais cogido
cogerían	habrían cogido

SUBJUNTIVO

Presente	Antepresente
coja	haya cogido
cojas	hayas cogido
coja	haya cogido
cojamos	hayamos cogido
cojáis	hayáis cogido
cojan	hayan cogido

Pretérito	Antepretérito
cogiera o	hubiera o
cogiese	hubiese cogido
cogieras o	hubieras o
cogieses	hubieses cogido
cogiera o	hubiera o
cogiese	hubiese cogido
cogiéramos o	hubiéramos o
cogiésemos	hubiésemos cogido
cogierais o	hubierais o
cogieseis	hubieseis cogido
cogieran o	hubieran o
cogiesen	hubiesen cogido

Futuro	Antefuturo
cogiere	hubiere cogido
cogieres	hubieres cogido
cogiere	hubiere cogido
cogiéremos	hubiéremos cogido
cogiereis	hubiereis cogido
cogieren	hubieren cogido

IMPERATIVO

coge	(tú)
coja	(usted)
coged	(vosotros-as)
cojan	(ustedes)

42 TAÑER

INDICATIVO

Presente	Antepresente
taño	he tañido
tañes	has tañido
tañe	ha tañido
tañemos	hemos tañido
tañéis	habéis tañido
tañen	han tañido

Copretérito	Antecopretérito
tañía	había tañido
tañías	habías tañido
tañía	había tañido
tañíamos	habíamos tañido
tañíais	habíais tañido
tañían	habían tañido

Pretérito	Antepretérito
tañí	hube tañido
tañiste	hubiste tañido
tañó	hubo tañido
tañimos	hubimos tañido
tañisteis	hubisteis tañido
tañeron	hubieron tañido

Futuro	Antefuturo
tañeré	habré tañido
tañerás	habrás tañido
tañerá	habrá tañido
tañeremos	habremos tañido
tañeréis	habréis tañido
tañerán	habrán tañido

Pospretérito	Antepospretérito
tañería	habría tañido
tañerías	habrías tañido
tañería	habría tañido
tañeríamos	habríamos tañido
tañeríais	habríais tañido
tañerían	habrían tañido

SUBJUNTIVO

Presente	Antepresente
taña	haya tañido
tañas	hayas tañido
taña	haya tañido
tañamos	hayamos tañido
tañáis	hayáis tañido
tañan	hayan tañido

Pretérito	Antepretérito
tañera o	hubiera o
tañese	hubiese tañido
tañeras o	hubieras o
tañeses	hubieses tañido
tañera o	hubiera o
tañese	hubiese tañido
tañéramos o	hubiéramos o
tañésemos	hubiésemos tañido
tañerais o	hubierais o
tañeseis	hubieseis tañido
tañeran o	hubieran o
tañesen	hubiesen tañido

Futuro	Antefuturo
tañere	hubiere tañido
tañeres	hubieres tañido
tañere	hubiere tañido
tañéremos	hubiéremos tañido
tañereis	hubiereis tañido
tañeren	hubieren tañido

IMPERATIVO

tañe	(tú)
taña	(usted)
tañed	(vosotros-as)
tañan	(ustedes)

78

43 YACER

INDICATIVO

Presente	Antepresente
yazco o yazgo	he yacido
yaces	has yacido
yace	ha yacido
yacemos	hemos yacido
yacéis	habéis yacido
yacen	han yacido

Copretérito	Antecopretérito
yacía	había yacido
yacías	habías yacido
yacía	había yacido
yacíamos	habíamos yacido
yacíais	habíais yacido
yacían	habían yacido

Pretérito	Antepretérito
yací	hube yacido
yaciste	hubiste yacido
yació	hubo yacido
yacimos	hubimos yacido
yacisteis	hubisteis yacido
yacieron	hubieron yacido

Futuro	Antefuturo
yaceré	habré yacido
yacerás	habrás yacido
yacerá	habrá yacido
yaceremos	habremos yacido
yaceréis	habréis yacido
yacerán	habrán yacido

Pospretérito	Antepospretérito
yacería	habría yacido
yacerías	habrías yacido
yacería	habría yacido
yaceríamos	habríamos yacido
yaceríais	habríais yacido
yacerían	habrían yacido

SUBJUNTIVO

Presente	Antepresente
yazca o yazga	haya yacido
yazcas o yazgas	hayas yacido
yazca o yazga	haya yacido
yazcamos o	hayamos yacido
yazgamos	
yazcáis o yazgáis	hayáis yacido
yazcan o yazgan	hayan yacido

Pretérito	Antepretérito
yaciera o	hubiera o
yaciese	hubiese yacido
yacieras o	hubieras o
yacieses	hubieses yacido
yaciera o	hubiera o
yaciese	hubiese yacido
yaciéramos o	hubiéramos o
yaciésemos	hubiésemos yacido
yacierais o	hubierais o
yacieseis	hubieseis yacido
yacieran o	hubieran o
yaciesen	hubiesen yacido

Futuro	Antefuturo
yaciere	hubiere yacido
yacieres	hubieres yacido
yaciere	hubiere yacido
yaciéremos	hubiéremos yacido
yaciereis	hubiereis yacido
yacieren	hubieren yacido

IMPERATIVO

yace o yaz	(tú)
yazca o yazga	(usted)
yaced	(vosotros-as)
yazcan o yazgan	(ustedes)

79

44 ROER

INDICATIVO

Presente	Antepresente
roo o roigo	he roído
roes	has roído
roe	ha roído
roemos	hemos roído
roéis	habéis roído
roen	han roído

Copretérito	Antecopretérito
roía	había roído
roías	habías roído
roía	había roído
roíamos	habíamos roído
roíais	habíais roído
roían	habían roído

Pretérito	Antepretérito
roí	hube roído
roíste	hubiste roído
royó	hubo roído
roímos	hubimos roído
roísteis	hubisteis roído
royeron	hubieron roído

Futuro	Antefuturo
roeré	habré roído
roerás	habrás roído
roerá	habrá roído
roeremos	habremos roído
roeréis	habréis roído
roerán	habrán roído

Pospretérito	Antepospretérito
roería	habría roído
roerías	habrías roído
roería	habría roído
roeríamos	habríamos roído
roeríais	habríais roído
roerían	habrían roído

SUBJUNTIVO

Presente	Antepresente
roa o roiga	haya roído
roas o roigas	hayas roído
roa o roiga	haya roído
roamos o roigamos	hayamos roído
roáis o roigáis	hayáis roído
roan o roigan	hayan roído

Pretérito	Antepretérito
royera o	hubiera o
royese	hubiese roído
royeras o	hubieras o
royeses	hubieses roído
royera o	hubiera o
royese	hubiese roído
royéramos o	hubiéramos o
royésemos	hubiésemos roído
royerais o	hubierais o
royeseis	hubieseis roído
royeran o	hubieran o
royesen	hubiesen roído

Futuro	Antefuturo
royere	hubiere roído
royeres	hubieres roído
royere	hubiere roído
royéremos	hubiéremos roído
royereis	hubiereis roído
royeren	hubieren roído

IMPERATIVO

roe	(tú)
roa o roiga	(usted)
roed	(vosotros-as)
roan o roigan	(ustedes)

45 VIVIR

INDICATIVO

Presente	Antepresente
vivo	he vivido
vives	has vivido
vive	ha vivido
vivimos	hemos vivido
vivís	habéis vivido
viven	han vivido

Copretérito	Antecopretérito
vivía	había vivido
vivías	habías vivido
vivía	había vivido
vivíamos	habíamos vivido
vivíais	habíais vivido
vivían	habían vivido

Pretérito	Antepretérito
viví	hube vivido
viviste	hubiste vivido
vivió	hubo vivido
vivimos	hubimos vivido
vivisteis	hubisteis vivido
vivieron	hubieron vivido

Futuro	Antefuturo
viviré	habré vivido
vivirás	habrás vivido
vivirá	habrá vivido
viviremos	habremos vivido
viviréis	habréis vivido
vivirán	habrán vivido

Pospretérito	Antepospretérito
viviría	habría vivido
vivirías	habrías vivido
viviría	habría vivido
viviríamos	habríamos vivido
viviríais	habríais vivido
vivirían	habrían vivido

SUBJUNTIVO

Presente	Antepresente
viva	haya vivido
vivas	hayas vivido
viva	haya vivido
vivamos	hayamos vivido
viváis	hayáis vivido
vivan	hayan vivido

Pretérito	Antepretérito
viviera o	hubiera o
viviese	hubiese vivido
vivieras o	hubieras o
vivieses	hubieses vivido
viviera o	hubiera o
viviese	hubiese vivido
viviéramos o	hubiéramos o
viviésemos	hubiésemos vivido
vivierais o	hubierais o
vivieseis	hubieseis vivido
vivieran o	hubieran o
viviesen	hubiesen vivido

Futuro	Antefuturo
viviere	hubiere vivido
vivieres	hubieres vivido
viviere	hubiere vivido
viviéremos	hubiéremos vivido
viviereis	hubiereis vivido
vivieren	hubieren vivido

IMPERATIVO

vive	(tú)
viva	(usted)
vivid	(vosotros-as)
vivan	(ustedes)

81

46 IR

INDICATIVO

Presente	Antepresente
voy	he ido
vas	has ido
va	ha ido
vamos	hemos ido
vais	habéis ido
van	han ido

Copretérito	Antecopretérito
iba	había ido
ibas	habías ido
iba	había ido
íbamos	habíamos ido
ibais	habíais ido
iban	habían ido

Pretérito	Antepretérito
fui	hube ido
fuiste	hubiste ido
fue	hubo ido
fuimos	hubimos ido
fuisteis	hubisteis ido
fueron	hubieron ido

Futuro	Antefuturo
iré	habré ido
irás	habrás ido
irá	habrá ido
iremos	habremos ido
iréis	habréis ido
irán	habrán ido

Pospretérito	Antepospretérito
iría	habría ido
irías	habrías ido
iría	habría ido
iríamos	habríamos ido
iríais	habríais ido
irían	habrían ido

SUBJUNTIVO

Presente	Antepresente
vaya	haya ido
vayas	hayas ido
vaya	haya ido
vayamos	hayamos ido
vayáis	hayáis ido
vayan	hayan ido

Pretérito	Antepretérito
fuera o	hubiera o
fuese	hubiese ido
fueras o	hubieras o
fueses	hubieses ido
fuera o	hubiera o
fuese	hubiese ido
fuéramos o	hubiéramos o
fuésemos	hubiésemos ido
fuerais o	hubierais o
fueseis	hubieseis ido
fueran o	hubieran o
fuesen	hubiesen ido

Futuro	Antefuturo
fuere	hubiere ido
fueres	hubieres ido
fuere	hubiere ido
fuéremos	hubiéremos ido
fuereis	hubiereis ido
fueren	hubieren ido

IMPERATIVO

ve	(tú)
vaya	(usted)
id	(vosotros-as)
vayan	(ustedes)

47 PEDIR

INDICATIVO

Presente	Antepresente
pido	he pedido
pides	has pedido
pide	ha pedido
pedimos	hemos pedido
pedís	habéis pedido
piden	han pedido

Copretérito	Antecopretérito
pedía	había pedido
pedías	habías pedido
pedía	había pedido
pedíamos	habíamos pedido
pedíais	habíais pedido
pedían	habían pedido

Pretérito	Antepretérito
pedí	hube pedido
pediste	hubiste pedido
pidió	hubo pedido
pedimos	hubimos pedido
pedisteis	hubisteis pedido
pidieron	hubieron pedido

Futuro	Antefuturo
pediré	habré pedido
pedirás	habrás pedido
pedirá	habrá pedido
pediremos	habremos pedido
pediréis	habréis pedido
pedirán	habrán pedido

Pospretérito	Antepospretérito
pediría	habría pedido
pedirías	habrías pedido
pediría	habría pedido
pediríamos	habríamos pedido
pediríais	habríais pedido
pedirían	habrían pedido

SUBJUNTIVO

Presente	Antepresente
pida	haya pedido
pidas	hayas pedido
pida	haya pedido
pidamos	hayamos pedido
pidáis	hayáis pedido
pidan	hayan pedido

Pretérito	Antepretérito
pidiera o	hubiera o
pidiese	hubiese pedido
pidieras o	hubieras o
pidieses	hubieses pedido
pidiera o	hubiera o
pidiese	hubiese pedido
pidiéramos o	hubiéramos o
pidiésemos	hubiésemos pedido
pidierais o	hubierais o
pidieseis	hubieseis pedido
pidieran o	hubieran o
pidiesen	hubiesen pedido

Futuro	Antefuturo
pidiere	hubiere pedido
pidieres	hubieres pedido
pidiere	hubiere pedido
pidiéremos	hubiéremos pedido
pidiereis	hubiereis pedido
pidieren	hubieren pedido

IMPERATIVO

pide	(tú)
pida	(usted)
pedid	(vosotros-as)
pidan	(ustedes)

48 REÍR

INDICATIVO

Presente	Antepresente
río	he reído
ríes	has reído
ríe	ha reído
reímos	hemos reído
reís	habéis reído
ríen	han reído

Copretérito	Antecopretérito
reía	había reído
reías	habías reído
reía	había reído
reíamos	habíamos reído
reíais	habíais reído
reían	habían reído

Pretérito	Antepretérito
reí	hube reído
reíste	hubiste reído
rió	hubo reído
reímos	hubimos reído
reísteis	hubisteis reído
rieron	hubieron reído

Futuro	Antefuturo
reiré	habré reído
reirás	habrás reído
reirá	habrá reído
reiremos	habremos reído
reiréis	habréis reído
reirán	habrán reído

Pospretérito	Antepospretérito
reiría	habría reído
reirías	habrías reído
reiría	habría reído
reiríamos	habríamos reído
reiríais	habríais reído
reirían	habrían reído

SUBJUNTIVO

Presente	Antepresente
ría	haya reído
rías	hayas reído
ría	haya reído
riamos	hayamos reído
riáis	hayáis reído
rían	hayan reído

Pretérito	Antepretérito
riera o	hubiera o
riese	hubiese reído
rieras o	hubieras o
rieses	hubieses reído
riera o	hubiera o
riese	hubiese reído
riéramos o	hubiéramos o
riésemos	hubiésemos reído
rierais o	hubierais o
rieseis	hubieseis reído
rieran o	hubieran o
riesen	hubiesen reído

Futuro	Antefuturo
riere	hubiere reído
rieres	hubieres reído
riere	hubiere reído
riéremos	hubiéremos reído
riereis	hubiereis reído
rieren	hubieren reído

IMPERATIVO

ríe	(tú)
ría	(usted)
reíd	(vosotros-as)
rían	(ustedes)

84

49 VENIR

INDICATIVO

Presente	Antepresente
vengo	he venido
vienes	has venido
viene	ha venido
venimos	hemos venido
venís	habéis venido
vienen	han venido

Copretérito	Antecopretérito
venía	había venido
venías	habías venido
venía	había venido
veníamos	habíamos venido
veníais	habíais venido
venían	habían venido

Pretérito	Antepretérito
vine	hube venido
viniste	hubiste venido
vino	hubo venido
vinimos	hubimos venido
vinisteis	hubisteis venido
vinieron	hubieron venido

Futuro	Antefuturo
vendré	habré venido
vendrás	habrás venido
vendrá	habrá venido
vendremos	habremos venido
vendréis	habréis venido
vendrán	habrán venido

Pospretérito	Antepospretérito
vendría	habría venido
vendrías	habrías venido
vendría	habría venido
vendríamos	habríamos venido
vendríais	habríais venido
vendrían	habrían venido

SUBJUNTIVO

Presente	Antepresente
venga	haya venido
vengas	hayas venido
venga	haya venido
vengamos	hayamos venido
vengáis	hayáis venido
vengan	hayan venido

Pretérito	Antepretérito
viniera o	hubiera o
viniese	hubiese venido
vinieras o	hubieras o
vinieses	hubieses venido
viniera o	hubiera o
viniese	hubiese venido
viniéramos o	hubiéramos o
viniésemos	hubiésemos venido
vinierais o	hubierais o
vinieseis	hubieseis venido
vinieran o	hubieran o
viniesen	hubiesen venido

Futuro	Antefuturo
viniere	hubiere venido
vinieres	hubieres venido
viniere	hubiere venido
viniéremos	hubiéremos venido
viniereis	hubiereis venido
vinieren	hubieren venido

IMPERATIVO

ven	(tú)
venga	(usted)
venid	(vosotros-as)
vengan	(ustedes)

85

50 SENTIR

INDICATIVO

Presente
siento
sientes
siente
sentimos
sentís
sienten

Antepresente
he sentido
has sentido
ha sentido
hemos sentido
habéis sentido
han sentido

Copretérito
sentía
sentías
sentía
sentíamos
sentíais
sentían

Antecopretérito
había sentido
habías sentido
había sentido
habíamos sentido
habíais sentido
habían sentido

Pretérito
sentí
sentiste
sintió
sentimos
sentisteis
sintieron

Antepretérito
hube sentido
hubiste sentido
hubo sentido
hubimos sentido
hubisteis sentido
hubieron sentido

Futuro
sentiré
sentirás
sentirá
sentiremos
sentiréis
sentirán

Antefuturo
habré sentido
habrás sentido
habrá sentido
habremos sentido
habréis sentido
habrán sentido

Pospretérito
sentiría
sentirías
sentiría
sentiríamos
sentiríais
sentirían

Antepospretérito
habría sentido
habrías sentido
habría sentido
habríamos sentido
habríais sentido
habrían sentido

SUBJUNTIVO

Presente
sienta
sientas
sienta
sintamos
sintáis
sientan

Antepresente
haya sentido
hayas sentido
haya sentido
hayamos sentido
hayáis sentido
hayan sentido

Pretérito
sintiera o
sintiese
sintieras o
sintieses
sintiera o
sintiese
sintiéramos o
sintiésemos
sintierais o
sintieseis
sintieran o
sintiesen

Antepretérito
hubiera o
hubiese sentido
hubieras o
hubieses sentido
hubiera o
hubiese sentido
hubiéramos o
hubiésemos sentido
hubierais o
hubieseis sentido
hubieran o
hubiesen sentido

Futuro
sintiere
sintieres
sintiere
sintiéremos
sintiereis
sintieren

Antefuturo
hubiere sentido
hubieres sentido
hubiere sentido
hubiéremos sentido
hubiereis sentido
hubieren sentido

IMPERATIVO

siente   (tú)
sienta   (usted)
sentid   (vosotros-as)
sientan   (ustedes)

51 MORIR

INDICATIVO

Presente	Antepresente
muero	he muerto
mueres	has muerto
muere	ha muerto
morimos	hemos muerto
morís	habéis muerto
mueren	han muerto

Copretérito	Antecopretérito
moría	había muerto
morías	habías muerto
moría	había muerto
moríamos	habíamos muerto
moríais	habíais muerto
morían	habían muerto

Pretérito	Antepretérito
morí	hube muerto
moriste	hubiste muerto
murió	hubo muerto
morimos	hubimos muerto
moristeis	hubisteis muerto
murieron	hubieron muerto

Futuro	Antefuturo
moriré	habré muerto
morirás	habrás muerto
morirá	habrá muerto
moriremos	habremos muerto
moriréis	habréis muerto
morirán	habrán muerto

Pospretérito	Antepospretérito
moriría	habría muerto
morirías	habrías muerto
moriría	habría muerto
moriríamos	habríamos muerto
moriríais	habríais muerto
morirían	habrían muerto

SUBJUNTIVO

Presente	Antepresente
muera	haya muerto
mueras	hayas muerto
muera	haya muerto
muramos	hayamos muerto
muráis	hayáis muerto
mueran	hayan muerto

Pretérito	Antepretérito
muriera o	hubiera o
muriese	hubiese muerto
murieras o	hubieras o
murieses	hubieses muerto
muriera o	hubiera o
muriese	hubiese muerto
muriéramos o	hubiéramos o
muriésemos	hubiésemos muerto
murierais o	hubierais o
muriesen	hubieseis muerto
murieran o	hubieran o
muriesen	hubiesen muerto

Futuro	Antefuturo
muriere	hubiere muerto
murieres	hubieres muerto
muriere	hubiere muerto
muriéremos	hubiéremos muerto
muriereis	hubiereis muerto
murieren	hubieren muerto

IMPERATIVO

muere	(tú)
muera	(usted)
morid	(vosotros-as)
mueran	(ustedes)

52 SALIR

INDICATIVO

Presente	Antepresente
salgo	he salido
sales	has salido
sale	ha salido
salimos	hemos salido
salís	habéis salido
salen	han salido

Copretérito	Antecopretérito
salía	había salido
salías	habías salido
salía	había salido
salíamos	habíamos salido
salíais	habíais salido
salían	habían salido

Pretérito	Antepretérito
salí	hube salido
saliste	hubiste salido
salió	hubo salido
salimos	hubimos salido
salisteis	hubisteis salido
salieron	hubieron salido

Futuro	Antefuturo
saldré	habré salido
saldrás	habrás salido
saldrá	habrá salido
saldremos	habremos salido
saldréis	habréis salido
saldrán	habrán salido

Pospretérito	Antepospretérito
saldría	habría salido
saldrías	habrías salido
saldría	habría salido
saldríamos	habríamos salido
saldríais	habríais salido
saldrían	habrían salido

SUBJUNTIVO

Presente	Antepresente
salga	haya salido
salgas	hayas salido
salga	haya salido
salgamos	hayamos salido
salgáis	hayáis salido
salgan	hayan salido

Pretérito	Antepretérito
saliera o	hubiera o
saliese	hubiese salido
salieras o	hubieras o
salieses	hubieses salido
saliera o	hubiera o
saliese	hubiese salido
saliéramos o	hubiéramos o
saliésemos	hubiésemos salido
salierais o	hubierais o
salieseis	hubieseis salido
salieran o	hubieran o
saliesen	hubiesen salido

Futuro	Antefuturo
saliere	hubiere salido
salieres	hubieres salido
saliere	hubiere salido
saliéremos	hubiéremos salido
saliereis	hubiereis salido
salieren	hubieren salido

IMPERATIVO

sal	(tú)
salga	(usted)
salid	(vosotros-as)
salgan	(ustedes)

53 OÍR

INDICATIVO

Presente	Antepresente
oigo	he oído
oyes	has oído
oye	ha oído
oímos	hemos oído
oís	habéis oído
oyen	han oído

Copretérito	Antecopretérito
oía	había oído
oías	habías oído
oía	había oído
oíamos	habíamos oído
oíais	habíais oído
oían	habían oído

Pretérito	Antepretérito
oí	hube oído
oíste	hubiste oído
oyó	hubo oído
oímos	hubimos oído
oísteis	hubisteis oído
oyeron	hubieron oído

Futuro	Antefuturo
oiré	habré oído
oirás	habrás oído
oirá	habrá oído
oiremos	habremos oído
oiréis	habréis oído
oirán	habrán oído

Pospretérito	Antepospretérito
oiría	habría oído
oirías	habrías oído
oiría	había oído
oiríamos	habríamos oído
oiríais	habríais oído
oirían	habrían oído

SUBJUNTIVO

Presente	Antepresente
oiga	haya oído
oigas	hayas oído
oiga	haya oído
oigamos	hayamos oído
oigáis	hayáis oído
oigan	hayan oído

Pretérito	Antepretérito
oyera u	hubiera o
oyese	hubiese oído
oyeras u	hubieras o
oyeses	hubieses oído
oyera u	hubiera o
oyese	hubiese oído
oyéramos u	hubiéramos o
oyésemos	hubiésemos oído
oyerais u	hubierais o
oyeseis	hubieseis oído
oyeran u	hubieran o
oyesen	hubiesen oído

Futuro	Antefuturo
oyere	hubiere oído
oyeres	hubieres oído
oyere	hubiere oído
oyéremos	hubiéremos oído
oyereis	hubiereis oído
oyeren	hubieren oído

IMPERATIVO

oye	(tú)
oiga	(usted)
oíd	(vosotros-as)
oigan	(ustedes)

54 DECIR

INDICATIVO

Presente	Antepresente
digo	he dicho
dices	has dicho
dice	ha dicho
decimos	hemos dicho
decís	habéis dicho
dicen	han dicho

Copretérito	Antecopretérito
decía	había dicho
decías	habías dicho
decía	había dicho
decíamos	habíamos dicho
decíais	habíais dicho
decían	habían dicho

Pretérito	Antepretérito
dije	hube dicho
dijiste	hubiste dicho
dijo	hubo dicho
dijimos	hubimos dicho
dijisteis	hubisteis dicho
dijeron	hubieron dicho

Futuro	Antefuturo
diré	habré dicho
dirás	habrás dicho
dirá	habrá dicho
diremos	habremos dicho
diréis	habréis dicho
dirán	habrán dicho

Pospretérito	Antepospretérito
diría	habría dicho
dirías	habrías dicho
diría	habría dicho
diríamos	habríamos dicho
diríais	habríais dicho
dirían	habrían dicho

SUBJUNTIVO

Presente	Antepresente
diga	haya dicho
digas	hayas dicho
diga	haya dicho
digamos	hayamos dicho
digáis	hayáis dicho
digan	hayan dicho

Pretérito	Antepretérito
dijera o	hubiera o
dijese	hubiese dicho
dijeras o	hubieras o
dijeses	hubieses dicho
dijera o	hubiera o
dijese	hubiese dicho
dijéramos o	hubiéramos o
dijésemos	hubiésemos dicho
dijerais o	hubierais o
dijeseis	hubieseis dicho
dijeran o	hubieran o
dijesen	hubiesen dicho

Futuro	Antefuturo
dijere	hubiere dicho
dijeses	hubieres dicho
dijere	hubiere dicho
dijéremos	hubiéremos dicho
dijereis	hubiereis dicho
dijeren	hubieren dicho

IMPERATIVO

di	(tú)
diga	(usted)
decid	(vosotros-as)
digan	(ustedes)

55 BENDECIR

INDICATIVO

Presente
bendigo
bendices
bendice
bendecimos
bendecís
bendicen

Antepresente
he bendecido
has bendecido
ha bendecido
hemos bendecido
habéis bendecido
han bendecido

Copretérito
bendecía
bendecías
bendecía
bendecíamos
bendecíais
bendecían

Antecopretérito
había bendecido
habías bendecido
había bendecido
habíamos bendecido
habíais bendecido
habían bendecido

Pretérito
bendije
bendijiste
bendijo
bendijimos
bendijisteis
bendijeron

Antepretérito
hube bendecido
hubiste bendecido
hubo bendecido
hubimos bendecido
hubisteis bendecido
hubieron bendecido

Futuro
bendeciré
bendecirás
bendecirá
bendeciremos
bendeciréis
bendecirán

Antefuturo
habré bendecido
habrás bendecido
habrá bendecido
habremos bendecido
habréis bendecido
habrán bendecido

Pospretérito
bendeciría
bendecirías
bendeciría
bendeciríamos
bendeciríais
bendecirían

Antepospretérito
habría bendecido
habrías bendecido
habría bendecido
habríamos bendecido
habríais bendecido
habrían bendecido

SUBJUNTIVO

Presente
bendiga
bendigas
bendiga
bendigamos
bendigáis
bendigan

Antepresente
haya bendecido
hayas bendecido
haya bendecido
hayamos bendecido
hayáis bendecido
hayan bendecido

Pretérito
bendijera o
bendijese
bendijeras o
bendijeses
bendijera o
bendijese
bendijéramos o
bendijésemos
bendijerais o
bendijeseis
bendijeran o
bendijesen

Antepretérito
hubiera o
hubiese bendecido
hubieras o
hubieses bendecido
hubiera o
hubiese bendecido
hubiéramos o
hubiésemos bendecido
hubierais o
hubieseis bendecido
hubieran o
hubiesen bendecido

Futuro
bendijere
bendijeres
bendijere
bendijéremos
bendijereis
bendijeren

Antefuturo
hubiere bendecido
hubieres bendecido
hubiere bendecido
hubiéremos bendecido
hubiereis bendecido
hubieren bendecido

IMPERATIVO

bendice (tú)
bendiga (usted)
bendecid (vosotros-as)
bendigan (ustedes)

56 SEGUIR

INDICATIVO

Presente	Antepresente
sigo	he seguido
sigues	has seguido
sigue	ha seguido
seguimos	hemos seguido
seguís	habéis seguido
siguen	han seguido

Copretérito	Antecopretérito
seguía	había seguido
seguías	habías seguido
seguía	había seguido
seguíamos	habíamos seguido
seguíais	habíais seguido
seguían	habían seguido

Pretérito	Antepretérito
seguí	hube seguido
seguiste	hubiste seguido
siguió	hubo seguido
seguimos	hubimos seguido
seguisteis	hubisteis seguido
siguieron	hubieron seguido

Futuro	Antefuturo
seguiré	habré seguido
seguirás	habrás seguido
seguirá	habrá seguido
seguiremos	habremos seguido
seguiréis	habréis seguido
seguirán	habrán seguido

Pospretérito	Antepospretérito
seguiría	habría seguido
seguirías	habrías seguido
seguiría	habría seguido
seguiríamos	habríamos seguido
seguiríais	habríais seguido
seguirían	habrían seguido

SUBJUNTIVO

Presente	Antepresente
siga	haya seguido
sigas	hayas seguido
siga	haya seguido
sigamos	hayamos seguido
sigáis	hayáis seguido
sigan	hayan seguido

Pretérito	Antepretérito
siguiera o	hubiera o
siguiese	hubiese seguido
siguieras o	hubieras o
siguieses	hubieses seguido
siguiera o	hubiera o
siguiese	hubiese seguido
siguiéramos o	hubiéramos o
siguiésemos	hubiésemos seguido
siguierais o	hubierais o
siguieseis	hubieseis seguido
siguieran o	hubieran o
siguiesen	hubiesen seguido

Futuro	Antefuturo
siguiere	hubiere seguido
siguieres	hubieres seguido
siguiere	hubiere seguido
siguiéremos	hubiéremos seguido
siguiereis	hubiereis seguido
siguieren	hubieren seguido

IMPERATIVO

sigue	(tú)
siga	(usted)
seguid	(vosotros-as)
sigan	(ustedes)

57 PRODUCIR

INDICATIVO

Presente
produzco
produces
produce
producimos
producís
producen

Antepresente
he producido
has producido
ha producido
hemos producido
habéis producido
han producido

Copretérito
producía
producías
producía
producíamos
producíais
producían

Antecopretérito
había producido
habías producido
había producido
habíamos producido
habíais producido
habían producido

Pretérito
produje
produjiste
produjo
produjimos
produjisteis
produjeron

Antepretérito
hube producido
hubiste producido
hubo producido
hubimos producido
hubisteis producido
hubieron producido

Futuro
produciré
producirás
producirá
produciremos
produciréis
producirán

Antefuturo
habré producido
habrás producido
habrá producido
habremos producido
habréis producido
habrán producido

Pospretérito
produciría
producirías
produciría
produciríamos
produciríais
producirían

Antepospretérito
habría producido
habrías producido
habría producido
habríamos producido
habríais producido
habrían producido

SUBJUNTIVO

Presente
produzca
produzcas
produzca
produzcamos
produzcáis
produzcan

Antepresente
haya producido
hayas producido
haya producido
hayamos producido
hayáis producido
hayan producido

Pretérito
produjera o
produjese
produjeras o
produjeses
produjera o
produjese
produjéramos o
produjésemos
produjerais o
produjeseis
produjeran o
produjesen

Antepretérito
hubiera o
hubiese producido
hubieras o
hubieses producido
hubiera o
hubiese producido
hubiéramos o
hubiésemos producido
hubierais o
hubieseis producido
hubieran o
hubiesen producido

Futuro
produjere
produjeres
produjere
produjéremos
produjereis
produjeren

Antefuturo
hubiere producido
hubieres producido
hubiere producido
hubiéremos producido
hubiereis producido
hubieren producido

IMPERATIVO

produce   (tú)
produzca   (usted)
producid   (vosotros-as)
produzcan   (ustedes)

58 LUCIR

INDICATIVO

Presente	Antepresente
luzco	he lucido
luces	has lucido
luce	ha lucido
lucimos	hemos lucido
lucís	habéis lucido
lucen	han lucido

Copretérito	Antecopretérito
lucía	había lucido
lucías	habías lucido
lucía	había lucido
lucíamos	habíamos lucido
lucíais	habíais lucido
lucían	habían lucido

Pretérito	Antepretérito
lucí	hube lucido
luciste	hubiste lucido
lució	hubo lucido
lucimos	hubimos lucido
lucisteis	hubisteis lucido
lucieron	hubieron lucido

Futuro	Antefuturo
luciré	habré lucido
lucirás	habrás lucido
lucirá	habrá lucido
luciremos	habremos lucido
luciréis	habréis lucido
lucirán	habrán lucido

Pospretérito	Antepospretérito
luciría	habría lucido
lucirías	habrías lucido
luciría	habría lucido
luciríamos	habríamos lucido
luciríais	habríais lucido
lucirían	habrían lucido

SUBJUNTIVO

Presente	Antepresente
luzca	haya lucido
luzcas	hayas lucido
luzca	haya lucido
luzcamos	hayamos lucido
luzcáis	hayáis lucido
luzcan	hayan lucido

Pretérito	Antepretérito
luciera o	hubiera o
luciese	hubiese lucido
lucieras o	hubieras o
lucieses	hubieses lucido
luciera o	hubiera o
luciese	hubiese lucido
luciéramos o	hubiéramos o
luciésemos	hubiésemos lucido
lucierais o	hubierais o
lucieseis	hubieseis lucido
lucieran o	hubieran o
luciesen	hubiesen lucido

Futuro	Antefuturo
luciere	hubiere lucido
lucieres	hubieres lucido
luciere	hubiere lucido
luciéremos	hubiéremos lucido
luciereis	hubiereis lucido
lucieren	hubieren lucido

IMPERATIVO

luce	(tú)
luzca	(usted)
lucid	(vosotros-as)
luzcan	(ustedes)

94

59 CONCLUIR

INDICATIVO

Presente	Antepresente
concluyo	he concluido
concluyes	has concluido
concluye	ha concluido
concluimos	hemos concluido
concluís	habéis concluido
concluyen	han concluido

Copretérito	Antecopretérito
concluía	había concluido
concluías	habías concluido
concluía	había concluido
concluíamos	habíamos concluido
concluíais	habíais concluido
concluían	habían concluido

Pretérito	Antepretérito
concluí	hube concluido
concluiste	hubiste concluido
concluyó	hubo concluido
concluimos	hubimos concluido
concluisteis	hubisteis concluido
concluyeron	hubieron concluido

Futuro	Antefuturo
concluiré	habré concluido
concluirás	habrás concluido
concluirá	habrá concluido
concluiremos	habremos concluido
concluiréis	habréis concluido
concluirán	habrán concluido

Pospretérito	Antepospretérito
concluiría	habría concluido
concluirías	habrías concluido
concluiría	habría concluido
concluiríamos	habríamos concluido
concluiríais	habríais concluido
concluirían	habrían concluido

SUBJUNTIVO

Presente	Antepresente
concluya	haya concluido
concluyas	hayas concluido
concluya	haya concluido
concluyamos	hayamos concluido
concluyáis	hayáis concluido
concluyan	hayan concluido

Pretérito	Antepretérito
concluyera o	hubiera o
concluyese	hubiese concluido
concluyeras o	hubieras o
concluyeses	hubieses concluido
concluyera o	hubiera o
concluyese	hubiese concluido
concluyéramos o	hubiéramos o
concluyésemos	hubiésemos concluido
concluyerais o	hubierais o
concluyeseis	hubieseis concluido
concluyeran o	hubieran o
concluyesen	hubiesen concluido

Futuro	Antefuturo
concluyere	hubiere concluido
concluyeres	hubieres concluido
concluyere	hubiere concluido
concluyéremos	hubiéremos concluido
concluyereis	hubiereis concluido
concluyeren	hubieren concluido

IMPERATIVO

concluye	(tú)
concluya	(usted)
concluid	(vosotros-as)
concluyan	(ustedes)

60 ELEGIR

INDICATIVO

Presente	Antepresente
elijo	he elegido
eliges	has elegido
elige	ha elegido
elegimos	hemos elegido
elegís	habéis elegido
eligen	han elegido

Copretérito	Antecopretérito
elegía	había elegido
elegías	habías elegido
elegía	había elegido
elegíamos	habíamos elegido
elegíais	habíais elegido
elegían	habían elegido

Pretérito	Antepretérito
elegí	hube elegido
elegiste	hubiste elegido
eligió	hubo elegido
elegimos	hubimos elegido
elegisteis	hubisteis elegido
eligieron	hubieron elegido

Futuro	Antefuturo
elegiré	habré elegido
elegirás	habrás elegido
elegirá	habrá elegido
elegiremos	habremos elegido
elegiréis	habréis elegido
elegirán	habrán elegido

Pospretérito	Antepospretérito
elegiría	habría elegido
elegirías	habrías elegido
elegiría	habría elegido
elegiríamos	habríamos elegido
elegiríais	habríais elegido
elegirían	habrían elegido

SUBJUNTIVO

Presente	Antepresente
elija	haya elegido
elijas	hayas elegido
elija	haya elegido
elijamos	hayamos elegido
elijáis	hayáis elegido
elijan	hayan elegido

Pretérito	Antepretérito
eligiera o	hubiera o
eligiese	hubiese elegido
eligieras o	hubieras o
eligieses	hubieses elegido
eligiera o	hubiera o
eligiese	hubiese elegido
eligiéramos o	hubiéramos o
eligiésemos	hubiésemos elegido
eligierais o	hubierais o
eligieseis	hubieseis elegido
eligieran o	hubieran o
eligiesen	hubiesen elegido

Futuro	Antefuturo
eligiere	hubiere elegido
eligieres	hubieres elegido
eligiere	hubiere elegido
eligiéremos	hubiéremos elegido
eligiereis	hubiereis elegido
eligieren	hubieren elegido

IMPERATIVO

elige	(tú)
elija	(usted)
elegid	(vosotros-as)
elijan	(ustedes)

96

61 DIRIGIR

INDICATIVO

Presente
dirijo
diriges
dirige
dirigimos
dirigís
dirigen

Antepresente
he dirigido
has dirigido
ha dirigido
hemos dirigido
habéis dirigido
han dirigido

Copretérito
dirigía
dirigías
dirigía
dirigíamos
dirigíais
dirigían

Antecopretérito
había dirigido
habías dirigido
había dirigido
habíamos dirigido
habíais dirigido
habían dirigido

Pretérito
dirigí
dirigiste
dirigió
dirigimos
dirigisteis
dirigieron

Antepretérito
hube dirigido
hubiste dirigido
hubo dirigido
hubimos dirigido
hubisteis dirigido
hubieron dirigido

Futuro
dirigiré
dirigirás
dirigirá
dirigiremos
dirigiréis
dirigirán

Antefuturo
habré dirigido
habrás dirigido
habrá dirigido
habremos dirigido
habréis dirigido
habrán dirigido

Pospretérito
dirigiría
dirigirías
dirigiría
dirigiríamos
dirigiríais
dirigirían

Antepospretérito
habría dirigido
habrías dirigido
habría dirigido
habríamos dirigido
habríais dirigido
habrían dirigido

SUBJUNTIVO

Presente
dirija
dirijas
dirija
dirijamos
dirijáis
dirijan

Antepresente
haya dirigido
hayas dirigido
haya dirigido
hayamos dirigido
hayáis dirigido
hayan dirigido

Pretérito
dirigiera o
dirigiese
dirigieras o
dirigieses
dirigiera o
dirigiese
dirigiéramos o
dirigiésemos
dirigierais o
dirigieseis
dirigieran o
dirigiesen

Antepretérito
hubiera o
hubiese dirigido
hubieras o
hubieses dirigido
hubiera o
hubiese dirigido
hubiéramos o
hubiésemos dirigido
hubierais o
hubieseis dirigido
hubieran o
hubiesen dirigido

Futuro
dirigiere
dirigieres
dirigiere
dirigiéremos
dirigiereis
dirigieren

Antefuturo
hubiere dirigido
hubieres dirigido
hubiere dirigido
hubiéremos dirigido
hubiereis dirigido
hubieren dirigido

IMPERATIVO

dirige   (tú)
dirija   (usted)
dirigid   (vosotros-as)
dirijan   (ustedes)

62 ADQUIRIR

INDICATIVO

Presente	Antepresente
adquiero	he adquirido
adquieres	has adquirido
adquiere	ha adquirido
adquirimos	hemos adquirido
adquirís	habéis adquirido
adquieren	han adquirido

Copretérito	Antecopretérito
adquiría	había adquirido
adquirías	habías adquirido
adquiría	había adquirido
adquiríamos	habíamos adquirido
adquiríais	habíais adquirido
adquirían	habían adquirido

Pretérito	Antepretérito
adquirí	hube adquirido
adquiriste	hubiste adquirido
adquirió	hubo adquirido
adquirimos	hubimos adquirido
adquiristeis	hubisteis adquirido
adquirieron	hubieron adquirido

Futuro	Antefuturo
adquiriré	habré adquirido
adquirirás	habrás adquirido
adquirirá	habrá adquirido
adquiriremos	habremos adquirido
adquiriréis	habréis adquirido
adquirirán	habrán adquirido

Pospretérito	Antepospretérito
adquiriría	habría adquirido
adquirirías	habrías adquirido
adquiriría	habría adquirido
adquiriríamos	habríamos adquirido
adquiriríais	habríais adquirido
adquirirían	habrían adquirido

SUBJUNTIVO

Presente	Antepresente
adquiera	haya adquirido
adquieras	hayas adquirido
adquiera	haya adquirido
adquiramos	hayamos adquirido
adquiráis	hayáis adquirido
adquieran	hayan adquirido

Pretérito	Antepretérito
adquiriera o	hubiera o
adquiriese	hubiese adquirido
adquirieras o	hubieras o
adquirieses	hubieses adquirido
adquiriera o	hubiera o
adquiriese	hubiese adquirido
adquiriéramos o	hubiéramos o
adquiriésemos	hubiésemos adquirido
adquirierais o	hubierais o
adquirieseis	hubieseis adquirido
adquirieran o	hubieran o
adquiriesen	hubiesen adquirido

Futuro	Antefuturo
adquiriere	hubiere adquirido
adquirieres	hubieres adquirido
adquiriere	hubiere adquirido
adquiriéremos	hubiéremos adquirido
adquiriereis	hubiereis adquirido
adquirieren	hubieren adquirido

IMPERATIVO

adquiere	(tú)
adquiera	(usted)
adquirid	(vosotros-as)
adquieran	(ustedes)

63 PUDRIR O PODRIR

INDICATIVO

Presente	Antepresente
pudro	he podrido
pudres	has podrido
pudre	ha podrido
pudrimos	hemos podrido
pudrís	habéis podrido
pudren	han podrido

Copretérito	Antecopretérito
pudría	había podrido
pudrías	habías podrido
pudría	había podrido
pudríamos	habíamos podrido
pudríais	habíais podrido
pudrían	habían podrido

Pretérito	Antepretérito
pudrí	hube podrido
pudriste	hubiste podrido
pudrió	hubo podrido
pudrimos	hubimos podrido
pudristeis	hubisteis podrido
pudrieron	hubieron podrido

Futuro	Antefuturo
pudriré	habré podrido
pudrirás	habrás podrido
pudrirá	habrá podrido
pudriremos	habremos podrido
pudriréis	habréis podrido
pudrirán	habrán podrido

Pospretérito	Antepospretérito
pudriría	habría podrido
pudrirías	habrías podrido
pudriría	habría podrido
pudriríamos	habríamos podrido
pudriríais	habríais podrido
pudrirían	habrían podrido

SUBJUNTIVO

Presente	Antepresente
pudra	haya podrido
pudras	hayas podrido
pudra	haya podrido
pudramos	hayamos podrido
pudráis	hayáis podrido
pudran	hayan podrido

Pretérito	Antepretérito
pudriera o	hubiera o
pudriese	hubiese podrido
pudrieras o	hubieras o
pudrieses	hubieses podrido
pudriera o	hubiera o
pudriese	hubiese podrido
pudriéramos o	hubiéramos o
pudriésemos	hubiésemos podrido
pudrierais o	hubierais o
pudrieseis	hubieseis podrido
pudrieran o	hubieran o
pudriesen	hubiesen podrido

Futuro	Antefuturo
pudriere	hubiere podrido
pudrieres	hubieres podrido
pudriere	hubiere podrido
pudriéremos	hubiéremos podrido
pudriereis	hubiereis podrido
pudrieren	hubieren podrido

IMPERATIVO

pudre	(tú)
pudra	(usted)
pudrid	(vosotros-as)
pudran	(ustedes)

64 ZURCIR

INDICATIVO

Presente
zurzo
zurces
zurce
zurcimos
zurcís
zurcen

Antepresente
he zurcido
has zurcido
ha zurcido
hemos zurcido
habéis zurcido
han zurcido

Copretérito
zurcía
zurcías
zurcía
zurcíamos
zurcíais
zurcían

Antecopretérito
había zurcido
habías zurcido
había zurcido
habíamos zurcido
habíais zurcido
habían zurcido

Pretérito
zurcí
zurciste
zurció
zurcimos
zurcisteis
zurcieron

Antepretérito
hube zurcido
hubiste zurcido
hubo zurcido
hubimos zurcido
hubisteis zurcido
hubieron zurcido

Futuro
zurciré
zurcirás
zurcirá
zurciremos
zurciréis
zurcirán

Antefuturo
habré zurcido
habrás zurcido
habrá zurcido
habremos zurcido
habréis zurcido
habrán zurcido

Pospretérito
zurciría
zurcirías
zurciría
zurciríamos
zurciríais
zurcirían

Antepospretérito
habría zurcido
habrías zurcido
habría zurcido
habríamos zurcido
habríais zurcido
habrían zurcido

SUBJUNTIVO

Presente
zurza
zurzas
zurza
zurzamos
zurzáis
zurzan

Antepresente
haya zurcido
hayas zurcido
haya zurcido
hayamos zurcido
hayáis zurcido
hayan zurcido

Pretérito
zurciera o
zurciese
zurcieras o
zurcieses
zurciera o
zurciese
zurciéramos o
zurciésemos
zurcierais o
zurcieseis
zurcieran o
zurciesen

Antepretérito
hubiera o
hubiese zurcido
hubieras o
hubieses zurcido
hubiera o
hubiese zurcido
hubiéramos o
hubiésemos zurcido
hubierais o
hubieseis zurcido
hubieran o
hubiesen zurcido

Futuro
zurciere
zurcieres
zurciere
zurciéremos
zurciereis
zurcieren

Antefuturo
hubiere zurcido
hubieres zurcido
hubiere zurcido
hubiéremos zurcido
hubiereis zurcido
hubieren zurcido

IMPERATIVO

zurce   (tú)
zurza   (usted)
zurcid   (vosotros-as)
zurzan   (ustedes)

65 DELINQUIR

INDICATIVO

Presente	Antepresente
delinco	he delinquido
delinques	has delinquido
delinque	ha delinquido
delinquimos	hemos delinquido
delinquís	habéis delinquido
delinquen	han delinquido

Copretérito	Antecopretérito
delinquía	había delinquido
delinquías	habías delinquido
delinquía	había delinquido
delinquíamos	habíamos delinquido
delinquíais	habíais delinquido
delinquían	habían delinquido

Pretérito	Antepretérito
delinquí	hube delinquido
delinquiste	hubiste delinquido
delinquió	hubo delinquido
delinquimos	hubimos delinquido
delinquisteis	hubisteis delinquido
delinquieron	hubieron delinquido

Futuro	Antefuturo
delinquiré	habré delinquido
delinquirás	habrás delinquido
delinquirá	habrá delinquido
delinquiremos	habremos delinquido
delinquiréis	habréis delinquido
delinquirán	habrán delinquido

Pospretérito	Antepospretérito
delinquiría	habría delinquido
delinquirías	habrías delinquido
delinquiría	habría delinquido
delinquiríamos	habríamos delinquido
delinquiríais	habríais delinquido
delinquirían	habrían delinquido

SUBJUNTIVO

Presente	Antepresente
delinca	haya delinquido
delincas	hayas delinquido
delinca	haya delinquido
delincamos	hayamos delinquido
delincáis	hayáis delinquido
delincan	hayan delinquido

Pretérito	Antepretérito
delinquiera o	hubiera o
delinquiese	hubiese delinquido
delinquieras o	hubieras o
delinquieses	hubieses delinquido
delinquiera o	hubiera o
delinquiese	hubiese delinquido
delinquiéramos o	hubiéramos o
delinquiésemos	hubiésemos delinquido
delinquierais o	hubierais o
delinquieseis	hubieseis delinquido
delinquieran o	hubieran o
delinquiesen	hubiesen delinquido

Futuro	Antefuturo
delinquiere	hubiere delinquido
delinquieres	hubieres delinquido
delinquiere	hubiere delinquido
delinquiéremos	hubiéremos delinquido
delinquiereis	hubiereis delinquido
delinquieren	hubieren delinquido

IMPERATIVO

delinque	(tú)
delinca	(usted)
delinquid	(vosotros-as)
delincan	(ustedes)

66 CEÑIR

INDICATIVO

Presente	Antepresente
ciño	he ceñido
ciñes	has ceñido
ciñe	ha ceñido
ceñimos	hemos ceñido
ceñís	habéis ceñido
ciñen	han ceñido

Copretérito	Antecopretérito
ceñía	había ceñido
ceñías	habías ceñido
ceñía	había ceñido
ceñíamos	habíamos ceñido
ceñíais	habíais ceñido
ceñían	habían ceñido

Pretérito	Antepretérito
ceñí	hube ceñido
ceñiste	hubiste ceñido
ciñó	hubo ceñido
ceñimos	hubimos ceñido
ceñisteis	hubisteis ceñido
ciñeron	hubieron ceñido

Futuro	Antefuturo
ceñiré	habré ceñido
ceñirás	habrás ceñido
ceñirá	habrá ceñido
ceñiremos	habremos ceñido
ceñiréis	habréis ceñido
ceñirán	habrán ceñido

Pospretérito	Antepospretérito
ceñiría	habría ceñido
ceñirías	habrías ceñido
ceñiría	habría ceñido
ceñiríamos	habríamos ceñido
ceñiríais	habríais ceñido
ceñirían	habrían ceñido

SUBJUNTIVO

Presente	Antepresente
ciña	haya ceñido
ciñas	hayas ceñido
ciña	haya ceñido
ciñamos	hayamos ceñido
ciñáis	hayáis ceñido
ciñan	hayan ceñido

Pretérito	Antepretérito
ciñera o	hubiera o
ciñese	hubiese ceñido
ciñeras o	hubieras o
ciñeses	hubieses ceñido
ciñera o	hubiera o
ciñese	hubiese ceñido
ciñéramos o	hubiéramos o
ciñésemos	hubiésemos ceñido
ciñerais o	hubierais o
ciñeseis	hubieseis ceñido
ciñeran o	hubieran o
ciñesen	hubiesen ceñido

Futuro	Antefuturo
ciñere	hubiere ceñido
ciñeres	hubieres ceñido
ciñere	hubiere ceñido
ciñéremos	hubiéremos ceñido
ciñereis	hubiereis ceñido
ciñeren	hubieren ceñido

IMPERATIVO

ciñe	(tú)
ciña	(usted)
ceñid	(vosotros-as)
ciñan	(ustedes)

67 CERNIR

INDICATIVO

Presente	Antepresente
cierno	he cernido
ciernes	has cernido
cierne	ha cernido
cernimos	hemos cernido
cernís	habéis cernido
ciernen	han cernido

Copretérito	Antecopretérito
cernía	había cernido
cernías	habías cernido
cernía	había cernido
cerníamos	habíamos cernido
cerníais	habíais cernido
cernían	habían cernido

Pretérito	Antepretérito
cerní	hube cernido
cerniste	hubiste cernido
cernió	hubo cernido
cernimos	hubimos cernido
cernisteis	hubisteis cernido
cernieron	hubieron cernido

Futuro	Antefuturo
cerniré	habré cernido
cernirás	habrás cernido
cernirá	habrá cernido
cerniremos	habremos cernido
cerniréis	habréis cernido
cernirán	habrán cernido

Pospretérito	Antepospretérito
cerniría	habría cernido
cernirías	habrías cernido
cerniría	habría cernido
cerniríamos	habríamos cernido
cerniríais	habríais cernido
cernirían	habrían cernido

SUBJUNTIVO

Presente	Antepresente
cierna	haya cernido
ciernas	hayas cernido
cierna	haya cernido
cernamos	hayamos cernido
cernáis	hayáis cernido
ciernan	hayan cernido

Pretérito	Antepretérito
cerniera o	hubiera o
cerniese	hubiese cernido
cernieras o	hubieras o
cernieses	hubieses cernido
cerniera o	hubiera o
cerniese	hubiese cernido
cerniéramos o	hubiéramos o
cerniésemos	hubiésemos cernido
cernierais o	hubierais o
cernieseis	hubieseis cernido
cernieran o	hubieran o
cerniesen	hubiesen cernido

Futuro	Antefuturo
cerniere	hubiere cernido
cernieres	hubieres cernido
cerniere	hubiere cernido
cerniéremos	hubiéremos cernido
cerniereis	hubiereis cernido
cernieren	hubieren cernido

IMPERATIVO

cierne	(tú)
cierna	(usted)
cernid	(vosotros-as)
ciernan	(ustedes)

103

68 ERGUIR

INDICATIVO

Presente	Antepresente
irgo o yergo	he erguido
irgues o yergues	has erguido
irgue o yergue	ha erguido
erguimos	hemos erguido
erguís	habéis erguido
irguen o yerguen	han erguido

Copretérito	Antecopretérito
erguía	había erguido
erguías	habías erguido
erguía	había erguido
erguíamos	habíamos erguido
erguíais	habíais erguido
erguían	habían erguido

Pretérito	Antepretérito
erguí	hube erguido
erguiste	hubiste erguido
irguió	hubo erguido
erguimos	hubimos erguido
erguisteis	hubisteis erguido
irguieron	hubieron erguido

Futuro	Antefuturo
erguiré	habré erguido
erguirás	habrás erguido
erguirá	habrá erguido
erguiremos	habremos erguido
erguiréis	habréis erguido
erguirán	habrán erguido

Pospretérito	Antepospretérito
erguiría	habría erguido
erguirías	habrías erguido
erguiría	habría erguido
erguiríamos	habríamos erguido
erguiríais	habríais erguido
erguirían	habrían erguido

SUBJUNTIVO

Presente	Antepresente
irga o yerga	haya erguido
irgas o yergas	hayas erguido
irga o yerga	haya erguido
irgamos o yergamos	hayamos erguido
irgáis o yergáis	hayáis erguido
irgan o yergan	hayan erguido

Pretérito	Antepretérito
irguiera o	hubiera o
irguiese	hubiese erguido
irguieras o	hubieras o
irguieses	hubieses erguido
irguiera o	hubiera o
irguiese	hubiese erguido
irguiéramos o	hubiéramos o
irguiésemos	hubiésemos erguido
irguierais o	hubierais o
irguieseis	hubieseis erguido
irguieran o	hubieran o
irguiesen	hubiesen erguido

Futuro	Antefuturo
irguiere	hubiere erguido
irguieres	hubieres erguido
irguiere	hubiere erguido
irguiéremos	hubiéremos erguido
irguiereis	hubiereis erguido
irguieren	hubieren erguido

IMPERATIVO

irgue o yergue	(tú)
irga o yerga	(usted)
erguid	(vosotros-as)
irgan o yergan	(ustedes)

69 PLAÑIR

INDICATIVO

Presente
plaño
plañes
plañe
plañimos
plañís
plañen

Antepresente
he plañido
has plañido
ha plañido
hemos plañido
habéis plañido
han plañido

Copretérito
plañía
plañías
plañía
plañíamos
plañíais
plañían

Antecopretérito
había plañido
habías plañido
había plañido
habíamos plañido
habíais plañido
habían plañido

Pretérito
plañí
plañiste
plañó
plañimos
plañisteis
plañeron

Antepretérito
hube plañido
hubiste plañido
hubo plañido
hubimos plañido
hubisteis plañido
hubieron plañido

Futuro
plañiré
plañirás
plañirá
plañiremos
plañiréis
plañirán

Antefuturo
habré plañido
habrás plañido
habrá plañido
habremos plañido
habréis plañido
habrán plañido

Pospretérito
plañiría
plañirías
plañiría
plañiríamos
plañiríais
plañirían

Antepospretérito
habría plañido
habrías plañido
habría plañido
habríamos plañido
habríais plañido
habrían plañido

SUBJUNTIVO

Presente
plaña
plañas
plaña
plañamos
plañáis
plañan

Antepresente
haya plañido
hayas plañido
haya plañido
hayamos plañido
hayáis plañido
hayan plañido

Pretérito
plañera o
plañese
plañeras o
plañeses
plañera o
plañese
plañéramos o
plañésemos
plañerais o
plañeseis
plañeran o
plañesen

Antepretérito
hubiera o
hubiese plañido
hubieras o
hubieses plañido
hubiera o
hubiese plañido
hubiéramos o
hubiésemos plañido
hubierais o
hubieseis plañido
hubieran o
hubiesen plañido

Futuro
plañere
plañeres
plañere
plañéremos
plañereis
plañeren

Antefuturo
hubiere plañido
hubieres plañido
hubiere plañido
hubiéremos plañido
hubiereis plañido
hubieren plañido

IMPERATIVO

plañe   (tú)
plaña   (usted)
plañid   (vosotros-as)
plañan   (ustedes)

70 ASIR

INDICATIVO

Presente	Antepresente
asgo	he asido
ases	has asido
ase	ha asido
asimos	hemos asido
asís	habéis asido
asen	han asido

Copretérito	Antecopretérito
asía	había asido
asías	habías asido
asía	había asido
asíamos	habíamos asido
asíais	habíais asido
asían	habían asido

Pretérito	Antepretérito
así	hube asido
asiste	hubiste asido
asió	hubo asido
asimos	hubimos asido
asisteis	hubisteis asido
asieron	hubieron asido

Futuro	Antefuturo
asiré	habré asido
asirás	habrás asido
asirá	habrá asido
asiremos	habremos asido
asiréis	habréis asido
asirán	habrán asido

Pospretérito	Antepospretérito
asiría	habría asido
asirías	habrías asido
asiría	habría asido
asiríamos	habríamos asido
asiríais	habríais asido
asirían	habrían asido

SUBJUNTIVO

Presente	Antepresente
asga	haya asido
asgas	hayas asido
asga	haya asido
asgamos	hayamos asido
asgáis	hayáis asido
asgan	hayan asido

Pretérito	Antepretérito
asiera o	hùbiera o
asiese	hubiese asido
asieras o	hubieras o
asieses	hubieses asido
asiera o	hubiera o
asiese	hubiese asido
asiéramos o	hubiéramos o
asiésemos	hubiésemos asido
asierais o	hubierais o
asieseis	hubieseis asido
asieran o	hubieran o
asiesen	hubiesen asido

Futuro	Antefuturo
asiere	hubiere asido
asieres	hubieres asido
asiere	hubiere asido
asiéremos	hubiéremos asido
asiereis	hubiereis asido
asieren	hubieren asido

IMPERATIVO

ase	(tú)
asga	(usted)
asid	(vosotros-as)
asgan	(ustedes)

71 ABOLIR

INDICATIVO

Presente	Antepresente
————	he abolido
————	has abolido
————	ha abolido
abolimos	hemos abolido
abolís	habéis abolido
————	han abolido

Copretérito	Antecopretérito
abolía	había abolido
abolías	habías abolido
abolía	había abolido
abolíamos	habíamos abolido
abolíais	habíais abolido
abolían	habían abolido

Pretérito	Antepretérito
abolí	hube abolido
aboliste	hubiste abolido
abolió	hubo abolido
abolimos	hubimos abolido
abolisteis	hubisteis abolido
abolieron	hubieron abolido

Futuro	Antefuturo
aboliré	habré abolido
abolirás	habrás abolido
abolirá	habrá abolido
aboliremos	habremos abolido
aboliréis	habréis abolido
abolirán	habrán abolido

Pospretérito	Antepospretérito
aboliría	habría abolido
abolirías	habrías abolido
aboliría	habría abolido
aboliríamos	habríamos abolido
aboliríais	habríais abolido
abolirían	habrían abolido

SUBJUNTIVO

Presente	Antepresente
————	haya abolido
————	hayas abolido
————	haya abolido
————	hayamos abolido
————	hayáis abolido
————	hayan abolido

Pretérito	Antepretérito
aboliera o	hubiera o
aboliese	hubiese abolido
abolieras o	hubieras o
abolieses	hubieses abolido
aboliera o	hubiera o
aboliese	hubiese abolido
aboliéramos o	hubiéramos o
aboliésemos	hubiésemos abolido
abolierais o	hubierais o
abolieseis	hubieseis abolido
abolieran o	hubieran o
aboliesen	hubiesen abolido

Futuro	Antefuturo
aboliere	hubiere abolido
abolieres	hubieres abolido
aboliere	hubiere abolido
aboliéremos	hubiéremos abolido
aboliereis	hubiereis abolido
abolieren	hubieren abolido

IMPERATIVO

————	(tú)
————	(usted)
abolid	(vosotros-as)
————	(ustedes)

72 REUNIR

INDICATIVO

Presente	Antepresente
reúno	he reunido
reúnes	has reunido
reúne	ha reunido
reunimos	hemos reunido
reunís	habéis reunido
reúnen	han reunido

Copretérito	Antecopretérito
reunía	había reunido
reunías	habías reunido
reunía	había reunido
reuníamos	habíamos reunido
reuníais	habíais reunido
reunían	habían reunido

Pretérito	Antepretérito
reuní	hube reunido
reuniste	hubiste reunido
reunió	hubo reunido
reunimos	hubimos reunido
reunisteis	hubisteis reunido
reunieron	hubieron reunido

Futuro	Antefuturo
reuniré	habré reunido
reunirás	habrás reunido
reunirá	habrá reunido
reuniremos	habremos reunido
reuniréis	habréis reunido
reunirán	habrán reunido

Pospretérito	Antepospretérito
reuniría	habría reunido
reunirías	habrías reunido
reuniría	habría reunido
reuniríamos	habríamos reunido
reuniríais	habríais reunido
reunirían	habrían reunido

SUBJUNTIVO

Presente	Antepresente
reúna	haya reunido
reúnas	hayas reunido
reúna	haya reunido
reunamos	hayamos reunido
reunáis	hayáis reunido
reúnan	hayan reunido

Pretérito	Antepretérito
reuniera o	hubiera o
reuniese	hubiese reunido
reunieras o	hubieras o
reunieses	hubieses reunido
reuniera o	hubiera o
reuniese	hubiese reunido
reuniéramos o	hubiéramos o
reuniésemos	hubiésemos reunido
reunierais o	hubierais o
reunieseis	hubieseis reunido
reunieran o	hubieran o
reuniesen	hubiesen reunido

Futuro	Antefuturo
reuniere	hubiere reunido
reunieres	hubieres reunido
reuniere	hubiere reunido
reuniéremos	hubiéremos reunido
reuniéreis	hubiereis reunido
reunieren	hubieren reunido

IMPERATIVO

reúne	(tú)
reúna	(usted)
reunid	(vosotros-as)
reúnan	(ustedes)

ÍNDICE DE VERBOS

Índice de verbos

afeminar, 1

aferrar, 1

afianzar, 16

aficionar, 1

afiebrarse, 1

afilar, 1

afiliar, 1

afinar, 1

afincar, 17

afirmar, 1

afligir, 61

aflojar, 1

aflorar, 1

aforar, 5

afrentar, 1

afrontar, 1

agachar, 1

agarrar, 1

agarrotar, 1

agasajar, 1

agazapar, 1

agenciar, 1

agilizar, 16

agitar, 1

aglomerar, 1

aglutinar, 1

agobiar, 1

agolpar, 1

agonizar, 16

agostar, 1

agotar, 1

agraciar, 1

agradar, 1

agradecer, 39

agrandar, 1

agravar, 1

agraviar, 1

agredir, 45

agregar, 17

agriar, 1

agrietar, 1

agriparse, 1

agrupar, 1

aguaitar, 1

aguantar, 1

aguardar, 1

agudizar, 16

aguerrir (defect.), 71

aguijar, 1

aguijonear, 1

agujerear, 1

aguzar, 16

aherrojar, 1

ahijar, 15

ahilar, 15

ahincar, 15

ahitar, 15

ahogar, 17

ahondar, 1

ahorcar, 17

ahorrar, 1

ahuecar, 17

ahumar, 13

ahuyentar, 1

airar, 15

airear, 1

aislar, 15

ajar, 1

ajetrear, 1

ajuarar, 1

ajustar, 1

ajusticiar, 1

alabar, 1

alambicar, 17

alambrar, 1

alardear, 1

alargar, 17

alarmar, 1

albear, 1

albergar, 17

alborotar, 1

alborozar, 16

alburear, 1

alcahuetear, 1

alcanzar, 16

alcoholizar, 16

alebrestarse, 1

aleccionar, 1

alegar, 17

alegorizar, 16

alegrar, 1

alejar, 1

alelar, 1

alentar, 3

alertar, 1

aletargar, 17

aletear, 1

alfabetizar, 16

alfombrar, 1

alhajar, 1

aliar, 9

alienar, 1

animar, 1
aniñarse, 1
aniquilar, 1
anochecer, 39
anonadar, 1
anotar, 1
anquilosar, 1
ansiar, 9
anticipar, 1
antipatizar, 16
antojarse, 1
anualizar, 16
anudar, 1
anular, 1
anunciar, 1
añejar, 1
añorar, 1
apabullar, 1
apacentar, 3
apachurrar, 1
apaciguar, 11
apadrinar, 1
apagar, 17
apalabrar, 1
apalancar, 17
apalear, 1
apantallar, 1
apañar, 1
aparcar, 17
aparear, 1
aparecer, 39
aparejar, 1
aparentar, 1
apartar, 1

apasionar, 1
apear, 1
apechugar, 17
apedrear, 1
apegar, 17
apelar, 1
apellidar, 1
apelmazar, 16
apelotonar, 1
apenar, 1
apendejarse, 1
apergollar, 1
apersogar, 17
apersonarse, 1
apesadumbrar, 1
apestar, 1
apetecer, 39
apiadar, 1
apilar, 1
apiñar, 1
apisonar, 1
aplacar, 17
aplacer, 39
aplanar, 1
aplastar, 1
aplatanar, 1
aplaudir, 45
aplazar, 16
aplicar, 17
apocar, 17
apocopar, 1
apodar, 1
apoderar, 1
apolillar, 1

apologizar, 16
apoltronarse, 1
aporrear, 1
aportar, 1
aposentar, 1
apostar, 5
apostillar, 1
apostrofar, 1
apoyar, 1
apreciar, 1
aprehender, 20
apremiar, 1
aprender, 20
apresar, 1
aprestar, 1
apresurar, 1
apretar, 3
apretujar, 1
aprisionar, 1
aprobar, 5
aprontar, 1
apropiar, 1
aprovechar, 1
aprovisionar, 1
aproximar, 1
apuntalar, 1
apuntar, 1
apuntillar, 1
apuñalar, 1
apurar, 1
aquejar, 1
aquietar, 1
aquilatar, 1
arañar, 1

atardecer, 39
atarear, 1
atarugar, 17
atasajar, 1
atascar, 17
ataviar, 9
atemorizar, 16
atemperar, 1
atenacear, 1
atenazar, 16
atender, 24
atenerse, 26
atentar, 1
atenuar, 10
aterir (defect.), 71
aterrar, 1
aterrizar, 16
aterrorizar, 16
atesorar, 1
atestar, 1
atestiguar, 11
atiborrar, 1
atildar, 1
atinar, 1
atiriciarse, 1
atisbar, 1
atizar, 16
atolondrar, 1
atomizar, 16
atontar, 1
atorar, 1
atormentar, 1
atornillar, 1
atosigar, 17

atrabancar, 17
atracar, 17
atraer, 38
atrafagar, 17
atragantar, 1
atrampar, 1
atrancar, 17
atrapar, 1
atrasar, 1
atravesar, 3
atreverse, 20
atribuir, 59
atribular, 1
atrincar, 17
atrincherar, 1
atrochar, 1
atrofiar, 1
atropellar, 1
atufar, 1
aturdir, 45
atusar, 1
auditar, 1
augurar, 1
aullar, 13
aumentar, 1
aunar, 13
aupar, 13
aureolar, 1
auscultar, 1
ausentarse, 1
auspiciar, 1
autentificar, 17
automatizar, 16
autorizar, 16

auxiliar, 1
avalar, 1
avanzar, 16
avasallar, 1
avecinar, 1
avecindar, 1
avejentar, 1
avellanar, 1
avenir, 49
aventajar, 1
aventar, 3
aventurar, 1
avergonzar, 6
averiar, 9
averiguar, 11
avezar, 16
aviar, 9
avillanar, 1
avinagrar, 1
avisar, 1
avispar, 1
avistar, 1
avituallar, 1
avivar, 1
avizorar, 1
avocar, 17
ayudar, 1
ayunar, 1
ayuntar, 1
azafranar, 1
azocar, 17
azogar, 17
azolvar, 1
azorar, 1

117

brujear, 1
brujulear, 1
bruñir, 69
brutalizarse, 16
bucear, 1
bufar, 1
bufonear, 1
bullir, 69
burbujear, 1
burilar, 1
burlar, 1
buscar, 17

cabalgar, 17
cabecear, 1
caber, 35
cabildear, 1
cabrear, 1
cabriolar, 1
cacarear, 1
cachar, 1
cachear, 1
cachetear, 1
cachifollar, 1
cachondearse, 1
caciquear, 1
caducar, 17
caer, 37
cafetear, 1
cagar, 17
calafatear, 1
calar, 1
calcar, 17
calcificar, 17

calcinar, 1
calcular, 1
caldear, 1
calentar, 3
calibrar, 1
calificar, 17
callar, 1
callear, 1
callejear, 1
calmar, 1
calumniar, 1
calzar, 16
camandulear, 1
cambalachear, 1
cambiar, 1
camelar, 1
caminar, 1
camorrear, 1
campanear, 1
campanillear, 1
campear, 1
camuflar, 1
canalizar, 16
cancanear, 1
cancelar, 1
cancerar, 1
canchear, 1
canjear, 1
canonizar, 16
cansar, 1
cantalear, 1
cantaletear, 1
cantar, 1
cantear, 1

cantinflear, 1
canturrear, 1
cañonear, 1
capacitar, 1
capar, 1
capear, 1
capitalizar, 16
capitanear, 1
capitular, 1
capotear, 1
captar, 1
capturar, 1
caracolear, 1
caracterizar, 16
caratular, 1
carbonizar, 16
carburar, 1
carcajear, 1
carcomer, 20
cardar, 1
carear, 1
carecer, 39
cargar, 17
caricaturizar, 16
carmenar, 1
carnear, 1
carpintear, 1
carraspear, 1
carretear, 1
cartear, 1
casar, 1
cascabelear, 1
cascamajar, 1
cascar, 17

119

cifrar, 1
cilindrar, 1
cimbrar, 1
cimentar, 3
cincelar, 1
cinchar, 1
cinglar, 1
cintarear, 1
cintilar, 1
circular, 1
circuncidar, 1
circundar, 1
circunscribir, 45
ciscar, 17
citar, 1
civilizar, 16
cizañar, 1
clamar, 1
clamorear, 1
clarear, 1
clarecer, 39
clarificar, 17
clasificar, 17
claudicar, 17
clausular, 1
clausurar, 1
clavar, 1
clavetear, 1
climatizar, 16
clisar, 1
cloquear, 1
coaccionar, 1
coadyuvar, 1
coagular, 1

cobijar, 1
cobrar, 1
cocar, 17
cocear, 1
cocer, 30
cocinar, 1
codear, 1
codiciar, 1
codificar, 17
coercer, 40
coger, 41
cohechar, 1
cohesionar, 1
cohibir, 72
cohonestar, 1
coimear, 1
coincidir, 45
cojear, 1
colaborar, 1
colapsar, 1
colar, 5
colear, 1
coleccionar, 1
colectar, 1
colegiar, 1
colegir, 60
colerizar, 16
colgar, 19
colindar, 1
colisionar, 1
colmar, 1
colocar, 17
colonizar, 16
colorar, 1

colorear, 1
coludir, 45
columbrar, 1
columpiar, 1
comadrear, 1
comandar, 1
combar, 1
combatir, 45
combinar, 1
comediar, 1
comedir, 47
comentar, 1
comenzar, 4
comer, 20
comercializar, 16
comerciar, 1
cometer, 20
comiquear, 1
comisionar, 1
compactar, 1
compadecer, 39
compadrear, 1
compaginar, 1
comparar, 1
compartir, 45
compasar, 1
compatibilizar, 16
compeler, 20
compendiar, 1
compenetrarse, 1
compensar, 1
competer, 20
competir, 47
compilar, 1

consumir, 45
contabilizar, 16
contactar, 1
contagiar, 1
contaminar, 1
contar, 5
contemplar, 1
contemporizar, 16
contender, 24
contener, 26
contentar, 1
contestar, 1
continuar, 10
contonearse, 1
contornear, 1
contorsionarse, 1
contrabandear, 1
contractar, 1
contradecir, 54
contraer, 38
contrariar, 9
contrastar, 1
contratar, 1
contribuir, 59
contristar, 1
controlar, 1
controvertir, 50
contundir, 45
conturbar, 1
contusionar, 1
convalecer, 39
convencer, 40
convenir, 49
convergir, 61

conversar, 1
convertir, 50
convidar, 1
convocar, 17
convulsionar, 1
cooperar, 1
cooptar, 1
coordinar, 1
copar, 1
copear, 1
copiar, 1
coplear, 1
copular, 1
coquear, 1
coquetear, 1
corcovar, 1
corcovear, 1
corear, 1
cornear, 1
coronar, 1
corporeizar, 15
corregir, 60
correr, 20
corresponder, 20
corretear, 1
corroborar, 1
corroer, 44
corromper, 20
corrugar, 17
cortar, 1
cortejar, 1
cosechar, 1
coser, 20
cosquillear, 1

costar, 5
costear, 1
cotejar, 1
cotillear, 1
cotizar, 16
cotorrear, 1
coyotear, 1
crear, 1
crecer, 39
creer, 32
cremar, 1
crepitar, 1
crespar, 1
criar, 9
cribar, 1
crinar, 1
crismar, 1
crispar, 1
cristalizar, 16
cristianizar, 16
criticar, 17
croar, 1
cromar, 1
cronometrar, 1
crucificar, 17
crujir, 45
cruzar, 16
cuadrar, 1
cuadricular, 1
cuadruplicar, 17
cuajar, 1
cualificar, 17
cuantificar, 17
cuartear, 1

124

depredar, 1

deprimir, 45

depurar, 1

derivar, 1

derogar, 17

derramar, 1

derrapar, 1

derrengar, 17

derretir, 47

derribar, 1

derrocar, 17

derrochar, 1

derrotar, 1

derrubiar, 1

derruir, 59

derrumbar, 1

desafiar, 9

desaguar, 11

desahuciar, 1

desairar, 15

desarrollar, 1

desayunar, 1

desazonar, 1

desbalagar, 17

desbancar, 17

desbaratar, 1

desbarrar, 1

desbastar, 1

desbocar, 17

desbordar, 1

desbrozar, 16

desbullar, 1

descabezar, 16

descalabazarse, 16

descalabrar, 1

descansar, 1

descararse, 1

descarnar, 1

descarriar, 9

descarrilar, 1

descartar, 1

descender, 24

descifrar, 1

desconcertar, 3

descorchar, 1

descoyuntar, 1

describir, 45

descuartizar, 16

descubrir, 45

desdecir, 54

desdeñar, 1

desdorar, 1

desear, 1

desembocar, 17

desempeñar, 1

desentumecer, 39

desenvainar, 1

desertar, 1

desfalcar, 17

desfasar, 1

desfilar, 1

desflorar, 1

desfogar, 17

desfondar, 1

desgajar, 1

desgañitarse, 1

desgaritar, 1

desgarrar, 1

desgreñar, 1

desherbar, 3

deshilachar, 1

designar, 1

desistir, 45

desleír, 48

deslenguar, 11

deslindar, 1

deslizar, 16

deslomar, 1

deslumbrar, 1

desmantelar, 1

desmayar, 1

desmenuzar, 16

desmesurar, 1

desmontar, 1

desmoralizar, 16

desmoronar, 1

desmurar, 1

desnudar, 1

desojar, 1

desolar, 5

desollar, 5

desorbitar, 1

despabilar, 1

despachar, 1

despachurrar, 1

despampanar, 1

despanzurrar, 1

desparpajar, 1

desparramar, 1

despatarrar, 1

despavorir (defect.), 71

despechar, 1

discriminar, 1
disculpar, 1
discurrir, 45
discursar, 1
discursear, 1
discutir, 45
disecar, 17
diseminar, 1
disentir, 50
diseñar, 1
disertar, 1
disfrazar, 16
disfrutar, 1
disgregar, 17
disimular, 1
disipar, 1
dislocar, 17
disminuir, 59
disociar, 1
disolver, 29
disparar, 1
disparatar, 1
dispensar, 1
dispersar, 1
disponer, 27
disputar, 1
distanciar, 1
distar, 1
distender, 24
distinguir, 65
distorsionar, 1
distraer, 38
distribuir, 59
disuadir, 45

divergir, 61
diversificar, 17
divertir, 50
dividir, 45
divinizar, 16
divisar, 1
divorciar, 1
divulgar, 17
doblar, 1
doblegar, 17
doctorar, 1
documentar, 1
dogmatizar, 16
doler, 29
domar, 1
domeñar, 1
domesticar, 17
domiciliar, 1
dominar, 1
donar, 1
doñear, 1
dorar, 1
dormir, 51
dormitar, 1
dosificar, 17
dotar, 1
dragar, 17
dramatizar, 16
drapear, 1
drenar, 1
drogar, 17
duchar, 1
dudar, 1
dulcificar, 17

duplicar, 17
durar, 1

echar, 1
eclipsar, 1
eclosionar, 1
economizar, 16
ecualizar, 16
edificar, 17
editar, 1
educar, 17
educir, 57
edulcorar, 1
efectuar, 10
egresar, 1
ejecutar, 1
ejemplarizar, 16
ejemplificar, 17
ejercer, 40
ejercitar, 1
elaborar, 1
electrificar, 17
electrizar, 16
electrocutar, 1
elegantizar, 16
elegir, 60
elevar, 1
elidir, 45
eliminar, 1
elogiar, 1
elucidar, 1
elucubrar, 1
eludir, 45
emanar, 1

127

empezar, 4

empinar, 1

empingorotar, 1

empitonar, 1

emplastar, 1

emplazar, 16

emplear, 1

emplomar, 1

emplumar, 1

empobrecer, 39

empollar, 1

empolvar, 1

emponzoñar, 1

emporcar, 19

empotrar, 1

empozar, 16

emprender, 20

emprimar, 1

empujar, 1

empuñar, 1

emputecer, 39

emular, 1

enajenar, 1

enaltecer, 39

enamorar, 1

enanchar, 1

enarbolar, 1

enarcar, 17

enardecer, 39

enarenar, 1

enartar, 1

encabalgar, 17

encabestrar, 1

encabezar, 16

encabritarse, 1

encabronar, 1

encadenar, 1

encajar, 1

encajonar, 1

encalar, 1

encallar, 1

encallecer, 39

encamar, 1

encaminar, 1

encampanar, 1

encanalar, 1

encanarse, 1

encandecer, 39

encandilar, 1

encanecer, 39

encanijar, 1

encantar, 1

encañar, 1

encañonar, 1

encapar, 1

encapillar, 1

encapotar, 1

encapricharse, 1

encapsular, 1

encapuchar, 1

encaramar, 1

encarar, 1

encarcelar, 1

encarecer, 39

encargar, 17

encariñar, 1

encarnar, 1

encarnecer, 39

encarnizar, 16

encarrilar, 1

encartar, 1

encasillar, 1

encasquetar, 1

encasquillar, 1

escastillar, 1

encauzar, 16

encebollar, 1

enceguecer, 39

encelar, 1

encenagarse, 17

encender, 24

encentar, 1

encepar, 1

encerar, 1

encerrar, 3

encestar, 1

encharcar, 17

enchilar, 1

enchinar, 1

enchuecar, 17

enchufar, 1

encimar, 1

encintar, 1

enclaustrar, 1

enclavar, 1

encobijar, 1

encoger, 41

encolar, 1

encolerizar, 16

encomendar, 3

encomiar, 1

enconar, 1

enjugar, 17
enjuiciar, 1
enjurar, 1
enjutar, 1
enlabiar, 1
enlamar, 1
enlatar, 1
enlazar, 16
enlijar, 1
enlodar, 1
enloquecer, 39
enlucir, 58
enlutar, 1
enmaderar, 1
enmagrecer, 39
enmantar, 1
enmarañar, 1
enmarcar, 17
enmaridar, 1
enmascarar, 1
enmelar, 3
enmendar, 3
enmohecer, 39
enmudecer, 39
enmugrecer, 39
enmustiar, 1
ennegrecer, 39
ennoblecer, 39
enojar, 1
enorgullecer, 39
enquistar, 1
enraizar, 15
enrarecer, 39
enrasar, 1

enredar, 1
enrejar, 1
enripiar, 1
enriquecer, 39
enristrar, 1
enrocar, 17
enrojecer, 39
enrolar, 1
enrollar, 1
enronquecer, 39
enroscar, 17
ensalivar, 1
ensalmar, 1
ensalzar, 16
ensamblar, 1
ensanchar, 1
ensangrentar, 3
ensañar, 1
ensartar, 1
ensayar, 1
enseñar, 1
enseñorear, 1
ensillar, 1
ensimismarse, 1
ensoberbecer, 39
ensombrecer, 39
ensopar, 1
ensordecer, 39
ensortijar, 1
ensuciar, 1
entablar, 1
entablillar, 1
entallar, 1
entarimar, 1

entarugar, 17
entender, 24
enterar, 1
enternecer, 39
enterrar, 3
entiesar, 1
entibiar, 1
entintar, 1
entoldar, 1
entonar, 1
entornar, 1
entorpecer, 39
entrampar, 1
entrañar, 1
entrapajar, 1
entrar, 1
entredecir, 54
entregar, 17
entrelazar, 16
entrelucir, 58
entremeter, 20
entrenar, 1
entretener, 26
entreverar, 1
entrevistar, 1
entristecer, 39
entroncar, 17
entronizar, 16
entubar, 1
entumecer, 39
entumirse, 45
entupir, 45
enturbiar, 1
entusiasmar, 1

especializar, 16
especificar, 17
especular, 1
espejear, 1
espeluznar, 1
esperanzar, 16
esperar, 1
espesar, 1
espetar, 1
espiar, 9
espichar, 1
espigar, 17
espinar, 1
espirar, 1
espiritar, 1
espiritualizar, 16
esplender, 20
espolear, 1
espolvorear, 1
esponjar, 1
esposar, 1
espulgar, 17
espumar, 1
esputar, 1
esquematizar, 16
esquiar, 9
esquilar, 1
esquilmar, 1
esquinar, 1
esquivar, 1
estabilizar, 16
establecer, 39
estacar, 17
estacionar, 1

estafar, 1
estallar, 1
estambrar, 1
estampar, 1
estancar, 17
estandarizar, 16
estaquear, 1
estar, 2
estatuir, 59
estereotipar, 1
esterilizar, 16
estibar, 1
estigmatizar, 16
estilar, 1
estilizar, 16
estimar, 1
estimular, 1
estipendiar, 1
estipular, 1
estirar, 1
estocar, 17
estofar, 1
estorbar, 1
estornudar, 1
estragar, 17
estrangular, 1
estratificar, 17
estrechar, 1
estregar, 18
estrellar, 1
estremecer, 39
estrenar, 1
estreñir, 66
estriar, 9

estribar, 1
estropear, 1
estructurar, 1
estrujar, 1
estudiar, 1
eternizar, 16
etimologizar, 16
etiquetar, 1
europeizar, 15
evacuar, 1
evadir, 45
evaluar, 10
evanescer, 39
evangelizar, 16
evaporar, 1
evidenciar, 1
evitar, 1
evocar, 17
evolucionar, 1
exacerbar, 1
exagerar, 1
exaltar, 1
examinar, 1
exasperar, 1
exceder, 20
exceptuar, 10
excitar, 1
exclamar, 1
excluir, 59
excogitar, 1
excomulgar, 17
excoriar, 1
excretar, 1
excusar, 1

filmar, 1
filosofar, 1
filtrar, 1
finalizar, 16
financiar, 1
finar, 1
fincar, 17
fingir, 61
finiquitar, 1
firmar, 1
fiscalizar, 16
fisgar, 17
fisgonear, 1
flagelar, 1
flamear, 1
flanquear, 1
flaquear, 1
flechar, 1
fletar, 1
flexibilizar, 16
flexionar, 1
flirtear, 1
flojear, 1
florear, 1
florecer, 39
flotar, 1
fluctuar, 10
fluir, 59
foguear, 1
foliar, 1
follar, 1
fomentar, 1
fondear, 1
forcejar, 1

forcejear, 1
forjar, 1
formalizar, 16
formar, 1
formular, 1
fornicar, 17
forrar, 1
fortalecer, 39
fortificar, 17
forzar, 6
fosforescer, 39
fosilizarse, 16
fotografiar, 9
fotolitografiar, 9
fracasar, 1
fraccionar, 1
fracturar, 1
fragmentar, 1
fraguar, 11
franjear, 1
franquear, 1
frasear, 1
fraternizar, 16
frecuentar, 1
fregar, 18
freír, 48
frenar, 1
frenetizar, 16
fresar, 1
frezar, 16
fricar, 17
friccionar, 1
frisar, 1
frivolizar, 16

frotar, 1
fructificar, 17
fruncir, 64
frustrar, 1
fugar, 17
fulgir, 60
fulgurar, 1
fulminar, 1
fumar, 1
fumigar, 17
funcionar, 1
fundamentar, 1
fundar, 1
fundir, 45
fungir, 61
fusilar, 1
fusionar, 1
fustigar, 17

gafar, 1
gaguear, 1
galantear, 1
galardonar, 1
gallardear, 1
gallear, 1
gallofear, 1
galonear, 1
galopar, 1
galvanizar, 16
ganar, 1
gandujar, 1
gandulear, 1
gangrenarse, 1
ganguear, 1

guiñar, 1

guisar, 1

guitonear, 1

guizgar, 17

gulusmear, 1

gurruñar, 1

gustar, 1

haber, 22

habilitar, 1

habitar, 1

habituar, 10

hablar, 1

hacendar, 3

hacer, 23

hachar, 1

hachear, 1

hacinar, 1

hadar, 1

halagar, 17

halar, 1

halconear, 1

haldear, 1

hallar, 1

hamacar, 17

hamaquear, 1

hambrear, 1

haraganear, 1

harinear, 1

haronear, 1

hartar, 1

hastiar, 9

hatear, 1

hazañar, 1

hebraizar, 15

hechizar, 16

heder, 24

helar, 3

helenizar, 16

hembrear, 1

henchir, 47

hender, 24

henificar, 17

heñir, 66

herbajar, 1

herbajear, 1

herbar, 3

herbolar, 1

herborizar, 16

heredar, 1

hereticar, 17

herir, 50

hermanar, 1

hermanear, 1

hermetizar, 16

hermosear, 1

herniarse, 1

herrar, 3

herrumbrar, 1

herventar, 3

hervir, 50

hesitar, 1

hibernar, 1

hidratar, 1

higienizar, 16

hilar, 1

hilvanar, 1

himpar, 1

himplar, 1

hincar, 17

hinchar, 1

hipar, 1

hiperbolizar, 16

hipertrofiarse, 1

hipnotizar, 16

hipotecar, 17

hirmar, 1

hisopar, 1

hispanizar, 16

hispir, 45

historiar, 1

hocicar, 17

hojaldrar, 1

hojear, 1

holear, 1

holgar, 19

holgazanear, 1

hollar, 5

hombrear, 1

homenajear, 1

homogeneizar, 15

homologar, 17

hondear, 1

honestar, 1

honorar, 1

honrar, 1

hopear, 1

horadar, 1

hormiguear, 1

hormiguillar, 1

hornaguear, 1

hornear, 1

inducir, 57
indultar, 1
industrializar, 16
industriar, 1
infamar, 1
infartar, 1
infatuar, 10
infectar, 1
inferir, 50
infestar, 1
inficionar, 1
infiltrar, 1
inflamar, 1
inflar, 1
infligir, 61
influenciar, 1
influir, 59
informar, 1
informatizar, 16
infringir, 61
infundir, 45
ingeniar, 1
ingerir, 50
ingresar, 1
inhalar, 1
inhibir, 45
inhumar, 1
iniciar, 1
injerir, 50
injertar, 1
injuriar, 1
inmigrar, 1
inmiscuir, 59
inmolar, 1

inmortalizar, 16
inmunizar, 16
inmutar, 1
innovar, 1
inocular, 1
inquietar, 1
inquinar, 1
inquirir, 62
insalivar, 1
inscribir, 45
inseminar, 1
insertar, 1
insidiar, 1
insinuar, 10
insistir, 45
insolar, 1
insolentar, 1
inspeccionar, 1
inspirar, 1
instalar, 1
instar, 1
instaurar, 1
instigar, 17
instilar, 1
institucionalizar, 16
instituir, 59
instruir, 59
instrumentar, 1
insuflar, 1
insultar, 1
insurreccionar, 1
integrar, 1
intelectualizar, 16
intensificar, 17

intentar, 1
intercalar, 1
interceder, 20
interceptar, 1
interesar, 1
interferir, 50
interlinear, 1
intermitir, 45
internacionalizar, 16
internar, 1
interpelar, 1
interpolar, 1
interpretar, 1
interrogar, 17
interrumpir, 45
intervenir, 49
intimar, 1
intimidar, 1
intitular, 1
intoxicar, 17
intrigar, 17
intrincar, 17
introducir, 57
intubar, 1
intuir, 59
inundar, 1
invadir, 45
invaginar, 1
inventar, 1
inventariar, 9
invernar, 3
invertir, 50
investigar, 17
investir, 47

laurear, 1
lavar, 1
lavotear, 1
laxar, 1
layar, 1
lazar, 16
leer, 32
legalizar, 16
legar, 17
legislar, 1
legitimar, 1
legrar, 1
lentificar, 17
leñar, 1
lerdear, 1
lesionar, 1
levantar, 1
levar, 1
levigar, 17
lexicalizar, 16
liar, 9
libar, 1
liberalizar, 16
liberar, 1
libertar, 1
librar, 1
librear, 1
licenciar, 1
licitar, 1
licuar, 11
liderar, 1
lidiar, 1
ligar, 17
lignificar, 17

lijar, 1
limar, 1
limitar, 1
limosnear, 1
limpiar, 1
lincear, 1
linchar, 1
lindar, 1
linear, 1
liofilizar, 16
liquidar, 1
lisiar, 1
lisonjear, 1
listar, 1
listonar, 1
litigar, 17
litografiar, 9
lividecer, 39
llagar, 17
llamar, 1
llamear, 1
llanear, 1
llegar, 17
llenar, 1
llevar, 1
llorar, 1
lloriquear, 1
llover, 29
lloviznar, 1
loar, 1
localizar, 16
lograr, 1
lomear, 1
loquear, 1

losar, 1
lotear, 1
lozanear, 1
lubricar, 17
lubrificar, 17
luchar, 1
lucir, 58
lucrar, 1
lucubrar, 1
ludir, 45
lujuriar, 1
lustrar, 1
luxar, 1

macanear, 1
macear, 1
macerar, 1
machacar, 17
machear, 1
machetear, 1
macizar, 16
macular, 1
madrearse, 1
madrigalizar, 16
madrugar, 17
madurar, 1
maestrear, 1
magnetizar, 16
magnificar, 17
magostar, 1
magrear, 1
magullar, 1
majadear, 1
majaderear, 1

melancolizar, 16

melar, 3

melcochar, 1

melificar, 17

melindrear, 1

mellar, 1

memorar, 1

memorizar, 16

mencionar, 1

mendigar, 17

menear, 1

menguar, 11

menoscabar, 1

menospreciar, 1

menstruar, 10

mensurar, 1

mentalizar, 16

mentar, 3

mentir, 50

menudear, 1

mercadear, 1

mercantilizar, 16

mercar, 17

merecer, 39

merendar, 3

mermar, 1

merodear, 1

mesar, 1

mestizar, 16

mesurar, 1

metaforizar, 16

metalizar, 16

metamorfosear, 1

metatizar, 16

meteorizar, 16

meter, 20

metodizar, 16

metrificar, 17

mezclar, 1

mezquinar, 1

migar, 17

milagrear, 1

militar, 1

militarizar, 16

mimar, 1

mimbrear, 1

minar, 1

mineralizar, 16

miniar, 1

miniaturizar, 16

minimizar, 16

ministrar, 1

minorar, 1

minutar, 1

mirar, 1

misar, 1

miserear, 1

mistificar, 17

mitificar, 17

mitigar, 17

mitotear, 1

mixturar, 1

mocar, 17

mocear, 1

mochar, 1

modelar, 1

moderar, 1

modernizar, 16

modificar, 17

modorrar, 1

modular, 1

mofar, 1

mojar, 1

mojonar, 1

moldar, 1

moldear, 1

moler, 29

molestar, 1

molificar, 17

molliznar, 1

momificar, 17

mondar, 1

monear, 1

monetizar, 16

monologar, 17

monopolizar, 16

montar, 1

montear, 1

monumentalizar, 16

moquear, 1

moquetear, 1

moralizar, 16

morar, 1

morder, 29

mordiscar, 17

mordisquear, 1

moretear, 1

morigerar, 1

morir, 51

mortificar, 17

mosquear, 1

mostrar, 5

olear, 1
oler, 33
olfatear, 1
oliscar, 17
olisquear, 1
olivar, 1
olorizar, 16
olvidar, 1
omitir, 45
ondear, 1
ondular, 1
opacar, 17
opalizar, 16
operar, 1
opilar, 1
opinar, 1
oponer, 27
opositar, 1
oprimir, 45
oprobiar, 1
optar, 1
optimar, 1
optimizar, 16
opugnar, 1
orar, 1
ordenar, 1
ordeñar, 1
orear, 1
organizar, 16
orientar, 1
orificar, 17
originar, 1
orillar, 1
orinar, 1

orlar, 1
ornamentar, 1
ornar, 1
orquestar, 1
osar, 1
oscilar, 1
oscurecer, 39
osificarse, 17
ostentar, 1
otear, 1
otoñar, 1
otorgar, 17
ovacionar, 1
ovalar, 1
ovar, 1
ovillar, 1
ovular, 1
oxidar, 1
oxigenar, 1

pacer, 39
pacificar, 17
pactar, 1
padecer, 39
paganizar, 16
pagar, 17
paginar, 1
pajarear, 1
palabrear, 1
paladear, 1
palanquear, 1
palatalizar, 16
palear, 1
paletear, 1

paliar, 1
palidecer, 39
paliquear, 1
pallar, 1
palmar, 1
palmear, 1
palmotear, 1
palotear, 1
palpar, 1
palpitar, 1
pandear, 1
panderetear, 1
panificar, 17
papar, 1
papear, 1
papelear, 1
paquetear, 1
parabolizar, 16
parafrasear, 1
paralelar, 1
paralizar, 16
parangonar, 1
parapetarse, 1
parar, 1
parcelar, 1
parchar, 1
parcializar, 16
pardear, 1
parear, 1
parecer, 39
parir, 45
parlamentar, 1
parlar, 1
parlotear, 1

pesar, 1

pescar, 17

pespuntear, 1

pesquisar, 1

pestañear, 1

petardear, 1

peticionar, 1

petrificar, 17

petrolear, 1

piafar, 1

pialar, 1

piar, 9

picar, 17

picardear, 1

pichulear, 1

picotear, 1

pifiar, 1

pigmentar, 1

pignorar, 1

pillar, 1

pillear, 1

pilotar, 1

pincelar, 1

pinchar, 1

pintar, 1

pintarrajar, 1

pinzar, 16

piñonear, 1

pirar, 1

piratear, 1

piropear, 1

piruetear, 1

pisar, 1

pisonear, 1

pisotear, 1

pistar, 1

pitar, 1

pitorrearse, 1

pizcar, 17

placear, 1

placer, 39

plagar, 17

plagiar, 1

planchar, 1

planear, 1

planificar, 17

plantar, 1

plantear, 1

plantificar, 17

plañir, 69

plasmar, 1

plastificar, 17

platear, 1

platicar, 17

plegar, 18

pleitear, 1

plisar, 1

plomear, 1

pluralizar, 16

poblar, 5

pobretear, 1

podar, 1

poder, 28

podrir o pudrir, 63

poetizar, 16

polarizar, 16

polemizar, 16

politiquear, 1

politizar, 16

polvear, 1

polvificar, 17

polvorear, 1

ponderar, 1

poner, 27

pontificar, 17

popularizar, 16

pordiosear, 1

porfiar, 9

pormenorizar, 16

porrear, 1

portar, 1

portear, 1

posar, 1

poseer, 32

posesionar, 1

posibilitar, 1

posponer, 27

postergar, 17

postrar, 1

postular, 1

potabilizar, 16

potenciar, 1

practicar, 17

precaver, 20

preceder, 20

preceptuar, 10

preciar, 1

precipitar, 1

precisar, 1

preconizar, 16

predecir, 55

predicar, 17

puntear, 1	radiar, 1	reaccionar, 1
puntualizar, 16	radicalizar, 16	realizar, 16
puntuar, 10	radicar, 17	realzar, 16
punzar, 16	radiografiar, 9	reavivar, 1
purgar, 17	raigar, 1	rebajar, 1
purificar, 17	rajar, 1	rebanar, 1
purpurar, 1	ralear, 1	rebasar, 1
purpurear, 1	rallar, 1	rebatir, 45
putañear, 1	ramalear, 1	rebelarse, 1
putear, 1	ramificar, 17	rebinar, 1
	ramonear, 1	reblandecer, 39
quebrajar, 1	ranchear, 1	reblar, 1
quebrantar, 1	ranciar, 1	rebosar, 1
quebrar, 3	rapar, 1	rebozar, 16
quedar, 1	rapiñar, 1	rebuznar, 1
quejar, 1	raposear, 1	recabar, 1
quejumbrar, 1	raptar, 1	recaer, 37
quemar, 1	rarificar, 17	recalar, 1
querellarse, 1	rasar, 1	recalcar, 17
querer, 25	rascar, 17	recalcitrar, 1
quietar, 1	rasgar, 17	recatar, 1
quijotear, 1	rasguear, 1	recaudar, 1
quillotrar, 1	rasguñar, 1	recetar, 1
quinolear, 1	raspar, 1	rechazar, 16
quintar, 1	raspear, 1	rechinar, 1
quiñar, 1	rastrear, 1	recibir, 45
quistarse, 1	rastrillar, 1	reciprocar, 17
quitar, 1	rastrojar, 1	recitar, 1
	rasurar, 1	reclamar, 1
rabiar, 1	ratear, 1	reclinar, 1
rabiatar, 1	ratificar, 17	recluir, 59
racimar, 1	ratonar, 1	reclutar, 1
raciocinar, 1	rayar, 1	recobrar, 1
racionar, 1	razonar, 1	recoger, 41

renquear, 1

rentar, 1

renunciar, 1

reñir, 66

repantigarse, 17

reparar, 1

repartir, 45

repasar, 1

repatriar, 9

repelar, 1

repeler, 20

repellar, 1

repercutir, 45

repetir, 47

repicar, 17

repiquetear, 1

replegar, 18

replicar, 17

reponer, 27

reportar, 1

reportear, 1

reposar, 1

reprender, 20

represar, 1

reprimir, 45

reprobar, 5

reprochar, 1

reproducir, 57

reptar, 1

repudiar, 1

repugnar, 1

repujar, 1

repulsar, 1

repuntar, 1

reputar, 1

requerir, 50

requisar, 1

resaltar, 1

resanar, 1

resarcir, 64

resbalar, 1

rescatar, 1

rescindir, 45

reseñar, 1

reservar, 1

resfriar, 9

resguardar, 1

residir, 45

resignar, 1

resistir, 45

resollar, 5

resolver, 29

respaldar, 1

respetar, 1

respingar, 17

respirar, 1

resplandecer, 39

responder, 20

responsabilizar, 16

resquebrajar, 1

restallar, 1

restañar, 1

restar, 1

restaurar, 1

restituir, 59

restregar, 18

restringir, 61

resucitar, 1

resultar, 1

resumir, 45

retacar, 17

retar, 1

retener, 26

retirar, 1

retocar, 17

retoñar, 1

retorcer, 30

retornar, 1

retozar, 16

retractar, 1

retraer, 38

retrasar, 1

retratar, 1

retribuir, 59

retroceder, 20

retumbar, 1

reunir, 72

revalidar, 1

revalorizar, 16

revelar, 1

reventar, 3

reverberar, 1

reverdecer, 39

reverenciar, 1

revirar, 1

revertir, 50

revisar, 1

revivir, 45

revocar, 17

revolcar, 19

revolotear, 1

revolucionar, 1

seguetear, 1

seguir, 56

seleccionar, 1

sellar, 1

semblantear, 1

sembrar, 3

semejar, 1

senderear, 1

sensibilizar, 16

sentar, 3

sentenciar, 1

sentir, 50

señalar, 1

señalizar, 16

señorear, 1

separar, 1

sepultar, 1

ser, 21

serenar, 1

seriar, 1

sermonear, 1

serpear, 1

serpentear, 1

serpollar, 1

servir, 47

sesear, 1

sesgar, 17

sesionar, 1

sestear, 1

sigilar, 1

signar, 1

significar, 17

silabear, 1

silbar, 1

silenciar, 1

silogizar, 16

siluetear, 1

simbolizar, 16

simpatizar, 16

simplificar, 17

simular, 1

sincerar, 1

sincopar, 1

sincronizar, 16

sindicalizar, 16

sindicar, 17

singar, 17

singlar, 1

singularizar, 16

sintetizar, 16

sintonizar, 16

sisar, 1

sisear, 1

sistematizar, 16

sitiar, 1

situar, 10

sobajar, 1

sobar, 1

sobornar, 1

sobrar, 1

sobrasar, 1

sobrellevar, 1

sobrecoger, 41

sobresalir, 52

sobresaltar, 1

socavar, 1

socializar, 16

socorrer, 20

sofisticar, 17

sofocar, 17

soguear, 1

sojuzgar, 17

solapar, 1

solazar, 16

soldar, 5

solear, 1

solemnizar, 16

soler (defect.), 29

solfear, 1

solicitar, 1

solidar, 1

solidarizar, 16

solidificar, 17

soliloquiar, 1

soliviantar, 1

soliviar, 1

sollozar, 16

soltar, 5

solubilizar, 16

solucionar, 1

solventar, 1

somatizar, 16

sombrear, 1

someter, 20

sonar, 5

sondear, 1

sonorizar, 16

sonreír, 48

sonrojar, 1

sonrosar, 1

sonsacar, 17

soñar, 5

tartalear, 1

tartamudear, 1

tasar, 1

tascar, 17

tatuar, 10

tazar, 16

teatralizar, 16

techar, 1

teclear, 1

tecnificar, 17

tejar, 1

tejer, 20

telefonear, 1

telegrafiar, 9

televisar, 1

temblar, 3

temblequear, 1

temer, 20

temperar, 1

templar, 1

temporalizar, 16

tempranear, 1

tenacear, 1

tender, 24

tener, 26

tensar, 1

tentalear, 1

tentar, 3

teñir, 66

teologizar, 16

teorizar, 16

terciar, 1

tergiversar, 1

terminar, 1

terraplenar, 1

terrear, 1

tersar, 1

tertuliar, 1

tesar, 1

testar, 1

testificar, 17

testimoniar, 1

tetar, 1

tibiar, 1

tijeretear, 1

tildar, 1

timar, 1

timbrar, 1

timonear, 1

tintar, 1

tintinar, 1

tinturar, 1

tipificar, 17

tiranizar, 16

tirar, 1

tiritar, 1

tironear, 1

titilar, 1

titubear, 1

titular, 1

tiznar, 1

tizonear, 1

tocar, 17

tolerar, 1

tomar, 1

tonar, 1

tonificar, 17

tonsurar, 1

tontear, 1

topar, 1

topear, 1

topetar, 1

toquetear, 1

torcer, 30

torear, 1

tornar, 1

tornasolar, 1

tornear, 1

torpedear, 1

torrar, 1

torrear, 1

tortear, 1

torturar, 1

toser, 20

tostar, 5

totalizar, 16

trabajar, 1

trabar, 1

trabucar, 17

traducir, 57

traer, 38

trafagar, 17

traficar, 17

tragar, 17

traicionar, 1

traillar, 15

trajear, 1

trajinar, 1

tramar, 1

tramitar, 1

tramontar, 1

trampear, 1

uniformar, 1
unir, 45
universalizar, 16
univocarse, 17
untar, 1
uñir, 69
urbanizar, 16
urdir, 45
urgir, 61
usar, 1
usufructuar, 10
usurear, 1
usurpar, 1
utilizar, 16

vacar, 17
vaciar, 9
vacilar, 1
vacunar, 1
vadear, 1
vagabundear, 1
vagar, 17
vaguear, 1
vahar, 1
vahear, 1
valer, 34
validar, 1
vallar, 1
valorar, 1
valorizar, 16
valsar, 1
valuar, 10
vanagloriarse, 1
vanear, 1

vaporear, 1
vaporizar, 16
vapulear, 1
vaquear, 1
varar, 1
varear, 1
variar, 9
vastar, 1
vaticinar, 1
vedar, 1
vegetar, 1
vejar, 1
velar, 1
velarizar, 16
velejar, 1
vencer, 40
vendar, 1
vender, 20
vendimiar, 1
venerar, 1
vengar, 17
venir, 49
ventanear, 1
ventear, 1
ventilar, 1
ventisquear, 1
ventosear, 1
ver, 31
veranear, 1
verberar, 1
verdear, 1
verdecer, 39
verificar, 17
verraquear, 1

versar, 1
versificar, 17
vertebrar, 1
verter, 24
vestir, 47
vetar, 1
vetear, 1
viajar, 1
viborear, 1
vibrar, 1
vichar, 1
viciar, 1
victimar, 1
vidriar, 1
vigilar, 1
vigorizar, 16
vilipendiar, 1
vincular, 1
vindicar, 17
violar, 1
violentar, 1
virar, 1
virilizarse, 16
visar, 1
visionar, 1
visitar, 1
vislumbrar, 1
visualizar, 16
vitalizar, 16
vitorear, 1
vitrificar, 17
vituallar, 1
vituperar, 1
vivar, 1

Esta obra se terminó de imprimir y encuadernar en mayo de 2000
en Editorial Offset, S. A. de C. V., Durazno núm. 1 Esq. Ejido
Col. Las Peritas, Tepepan, Xochimilco, México 16010, D. F.

La edición consta de 50 000 ejemplares